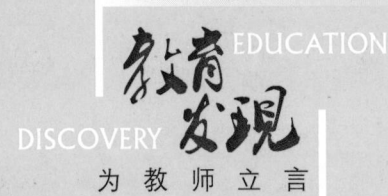

教育发现
EDUCATION DISCOVERY
为教师立言

教育发现

XUEXI JI CHENGZHANG

学习即成长

成长本位视角下的"学习学"

任永生 著

山东文艺出版社

序一：学习理论的革命性突破

李奇勇

  我一直在思考这样两个问题：一是为什么我们培养出的"优秀"学生走向社会后，却鲜能成为各行各业的领军人物？二是为什么花这么大的力气搞教育，现实中还有那么多的学生厌学、苦学和辍学？导致上述两个问题的原因，大概就是目前教育中存在的两个"不科学"：一是人才选拔模式还不科学，现行的选拔制度尚不能科学地把人才全都选拔出来；二是人才培养模式还不科学，现行的教育模式很难把所有人引上成才之路。因此，改革现有的人才选拔模式和培养模式就成为教育改革的两大主题。

  2001年启动的新一轮课程改革是人才培养模式改革的重大举措，许多基层教育工作者借此良机，结合自己的教育实践进行了艰辛的探索，并取得了令人欣慰的成果。

  任永生就是我认识的基层教育工作者中非常优秀的一员。他一直行走在教育改革的路上，是一位有思想善行动的校长。2014年在第三届全国教育局长峰会上，我有幸拜读了他的《教育即人学》一书。读后我深深地意识到，基础教育改革不但要有国家层面的顶层设计，还必须依靠基础教育工作者的实践与创新。像任永生这样的基层教育工作者的思想和行动，正在深刻地改变着中国的基础教育。今天，读完了他的新书稿

《学习即成长》，我对他又有了更深的了解。

他是一位有教育情怀的校长。他认为，教育一端连着学生的未来，一端连着民族的未来。他时刻牢记自己的责任，把自己的生命与教育紧紧地联系在一起。他不断深入学校、深入课堂，研究和解决教育现实中存在的问题。正如他在自己的文章写的："我不属于自己，我属于学生，属于教师，属于中国的基层教育。"

他是一位有教育理想的校长。他认为，教育的根本任务就是让人真正成为人，让不同的学生通过教育成为更加不同的人，而不是让不同的人通过教育成为同一种人。"用学生之间的差异缩小学生之间的差距，让全体学生全面发展，让每一个学生都成为最好的自我。"这是他崇高的教育理想。

他是一位有创新精神的校长。他认为，教育改革的核心就是从知识本位向成长本位转变，要一切从学生的成长出发，促进学生的生命成长。他敢于挑战传统、挑战权威、挑战世俗、挑战自我，提出了一系列的新思想、新观念、新策略，并在实践中不断完善和发展，为教育改革与发展做了许多有益的探索。

他是一位善于行动的校长。他认为，人才培养模式改革的主战场在课堂，课堂是破解基础教育诸多难题的支点和杠杆，要通过小课堂撬动大教育。他全力推行高效生命课堂，力图把每一节课都变成学生生命的体验和学生生命发展的基石，让生命在课堂上成长，通过成长实现学生的成才与成功。

他是一位善于思考的校长。几年来，他写了近千篇文章，在各级教育媒体上发表百余篇，出版了《教育即人学》一书。2012年被中国教师报评为首届"全国十大最具思想力的教育局长"。他的新作《学习即成长》实现了三个新突破和三个新转变，这是他深入思考的结晶，也标志着他思想的进一步完善和成熟。

一，学习定位上实现新突破。本书突破了传统的学习定位，提出学习不仅仅是为了掌握知识和提高技能，还是人的自我成长；学习就是体验生活，体验生活的苦辣酸甜；学习就是自我建构，建构知识结构、能力结构和道德结构；研究学习规律就是研究人的成长规律，这就从理论上实现了由知识本位向成长本位的重大转变。

二，研究方法上实现新突破。本书突破了传统学习理论的研究方法，走出了只关注具体学习技巧与学习方法的泥潭，从人的成长与全面发展出发，强调人的成长与发展的内因，提出了人的成长就是内心诸多矛盾运动的结果的新观点，梳理了诸多在学习与发展过程中的矛盾，并提出相应解决方法，从研究方法上实现了战术到战略的转变。

三，理论体系上实现新突破。本书突破了传统学习理论的研究体系。由于实现了对学习的定位和研究方法上的突破，新体系的形成没有过度依赖心理学等理论，而是通篇聚焦解决成长过程中的矛盾，从学习意义、学习动力、学习过程、学习途径、学习方法、学习方式、学习条件等方面进行了系统阐述，实现了学习理论由外因学向内因学的转变。

由于实现了上述三个转变，因此本书对教育科研、教育实践和学习实践都具有重要的指导意义。学习理论的突破，必将带来教育科研、教育实践和学习实践的重大变革——教育科研工作真正转换镜头，由聚焦知识转换到聚焦成长；教育者转变角色，由教中心转变到学中心；学习者从死记硬背的学习方式转变到修心、修脑、修行的成长方式上。

《学习即成长》为我们提供了新视角、新思想、新方法。希望广大教育工作者在新的视角下，不断实践、不断思考，进一步丰富、完善和发展学习理论，为基础教育改革做出新的贡献。

（作者系贵州工程应用技术学院党委副书记、院长）

2016年6月于贵阳

序二：一个校长的学术野心

褚清源

任校长嘱我为他的新书写点文字，这注定是一个难产的过程。一来我有严重的拖延症，这一点我爱人和我的同事们最清楚，二来任校长这本书所关注的是一个我很感兴趣的命题，所以，我更在乎是否能写出深刻、写出味道。有时候，味道比深刻更重要，因为，文字是我的信仰！我相信，我能写好与任校长有关的这些文字！

我和我的同事们都习惯称呼他"任局"（任永生曾任葫芦岛市南票区教育局长），他与我所在的编辑部的男女同事混得都很熟，熟到了让局外人看了可能会嫉妒的程度。这丝毫没有夸张的成分。熟悉任校长的人，都知道他是为课改痴狂的人。而与课改结缘，正与中国教师报有关。如果没有记错的话，他好像曾在微信里写过这样的话：假如不结识中国教师报，至今还不知道在哪里徘徊。这道出了我们之间情感的分量。

工作中认识很多校长，任校长算是我钦敬的校长之一。他有太多的"不一样"，比如，他不世故，不摆谱，当然也从不矫情，但他幽默，不急不缓的言语里透着东北爷们儿特有的幽默。平日里，任校长言语不多，但这并不妨碍他成为一个有思想表达力的校长。

并不是所有的校长都有思想，也并不是所有的校长都勤于思考，但任校长属于活在自己思想中的人，他的思考像他抽烟一样疯狂！这一点看一下他的微信或博客就知道了，也许对他来说，烟与思想本就是一对孪生兄弟。

人与人之间的差别有时候主要体现在两张桌子上：一张是书桌，一张是饭桌。任校长是从来不愿意在饭桌上浪费时间的人——那些"疯狂的饭局"会消磨掉很多原本可以用来思考的时间。每次见面，我们都会有一场昏天暗地的神聊，主题无一例外是围绕教育、围绕课改的。我也总会在手机里随时记下任校长不经意间吐出的精彩语录，这些思想的火花有时候是批量生产的，所以，与任校长聊天总是收获满满。我甚至揣测，他之所以如此有聊天的欲望，是不是通过聊天来梳理自己平时的碎片化思考？

前不久，跟随叶澜教授到学校听课，叶澜教授的一句话可能是任校长生活状态的写照。她说，一个人一旦进入研究的状态，就没空倦怠，也不可能倦怠。任校长就是这样的。但这样的校长在今天不是太多，而是太少。如果让一部分教育人的思想先富起来，我希望是校长。

回过头来谈谈他这本书。这是一本谈"学习学"的书。学习，是一个古老的话题。古人云：学而时习之。又云：温故而知新。古人还有《学记》和荀子的《劝学篇》。可见，关于学习已经积淀了很多古人的智慧，并且有相当详尽的论述。比如，有人将荀子关于学习的主张概括为七个方面——

一是蜕，即学习不能满足于已有的成就，应该不断有所发现，有所进展，日渐而月进，且使之产生质变。

二是虚，即学习态度。虚者，虚心、谦虚也。

三是一，"一"是专一、专心致志地学习，"学之道，贵以专"。

四是静，即心要静，摒弃一切杂念。

五是积，荀子说："不积跬步，无以至千里；不积小流，无以成江海。"

六是师,"国将兴,必贵师而重傅……国将衰,必贱师而轻傅。"有了好的老师,便可以好学,"得贤师而事之,则所闻者尧、舜、禹、汤之道也"。

七是友,荀子提出,学者应"亲友",以求得在治学上的"好善无厌,受谏而能诫",即不断地得到批评和指正,而日有所成。

荀子的这些主张至今历久而弥新。任校长所建构的"学习学"无疑是站在巨人的肩膀上摘星星。他试图构建基于成长本位的"学习学",按照他的描述,学习即成长。在他看来,"教育学"是一门研究如何教的教育外因学,既然"学"是内因,那么他所研究的符合儿童认知规律的"学习学",应属于教育内因学。

毫无疑问,这是一种大学习观,它扩大了学习的内涵和外延。任校长的分析,让我们清晰地认识到,随着教育在学校内部的优化、细化,学习开始变得越来越窄化,越来越严肃,学习似乎总是和"知识""考试""分数"联系在一起,而学生乐在其中的玩耍和好奇心带来的"破坏"等成长性行为统统被归入了"学习"的对立面。这是一种狭隘的学习观。

我们的狭隘还不止于此。现在来看,过去我们只注重研究如何教,而在如何学的研究上表现得很无力,或者行动上对已有研究成果的使用还远远不够,对于"学习学"的构建依然缺乏必要的共识。

课改意味着"教育"和"学习"两大支柱的重建,意味着从"教育"走向"学育"。今天的课改要始终以学生的学习为逻辑起点,要让学习回到以学生需要为中心;教学研究的重点要从研究如何"教"转向研究学生如何"学",教的真正含义是引导学生真正的学,是优化和促进学生的学。教学,就是"教"学生"学","学"是中心词,是矛盾的主要方面,"教"是为"学"服务的。

我们常说,课改的核心是改课,改课的核心是改学,改学的核心是改法。所以，课堂革命的核心无疑是一场学习的革命。只有对学习充分研究，才能真正预见不一样的学习——尽管如何学习一直是仁者见仁智者见智的事情。

最简约的课改意味着最简单的学习。对"学习学"的研究，旨在更简单地学、更科学地学、更高效地学、更有意思地学。如此，玩转学习将不是问题。更重要的是，"学习学"的研究将促进教师角色的真正转变，让教师真正从学习者的角度出发成为学习的设计者。我们的课改如果不能回答好这一问题，则意味着肤浅。痴迷于课改研究的任校长对"学习学"的研究，让我们看到了一位校长不大不小的学术野心。

关于"学习学"的建构远不是一本书可以完成的。需要表达的可能很多，而文字的表达力总是有限的。所以，这注定是一本写满困惑的书、一本表达有限的书，当然也是一本寻找方向的书。

写作是一种表达，更是一种抵达。任校长的写作无疑是在抵达思想的深处，抵达教育的深处，抵达课改的深处，抵达学习的深处。我知道，他是始终带着对教育的敬畏之心去思考、去写作、去抵达的。我也知道，他的很多思考来源于高效课堂这个土壤。在高效课堂背景下，他的思考让"学习学"这个概念有了清晰的方向。所以，我同样相信，高效课堂的实践者会是这本书最主要的读者。

最后，从高效课堂出发，我想借此分享一些关于"学习学"的不成熟的思考——

一是学习要从"为学而学"走向"为教而学"。陶行知先生主张"以教人者教己"。他归纳过一条重要的学理就是，"为学而学"不如"为教而学"亲切。我们常说，最好的学习就是讲给别人听，这应该成为一种重要的教学常识和学习常识。而在捍卫常识方面，我们做得还远远不够。

二是没有体验的学习不是真正的学习。如果学习即成长的话，那么体验性应该成为学习最大的特点。我依然想借用陶行知先生倡导的"教学做合一"理念来强调其重要性。在陶行知先生看来,"教学做"是一件事,而不是三件事,在做中教才是真教,在做中学才是真学。做即体验,即动手,即实践。遗憾的是,70多年过去了,陶行知先生倡导的理念要变成常态,可能还有很长一段路要走。

三是从碎片化学习走向整体化学习。高效课堂背景下一种"新碎片化学习"现象正在出现,这是需要警惕的。当我们把学习定位于成长时,学习一定是整体性的、系统性的,而非碎片化知识的组装。因为成长是生命性的、整体性的。

四是从"错误"中捕捉学习契机。成长在错误发生时,这同样是一个常识。当我们说,错误是最好的学习资源时,那么,学习将不再是消灭错误、掩饰错误,而是发现错误、暴露错误、善待错误、利用错误。

五是充分利用新技术来支持学习。新技术正在重塑学习秩序,正在让个性化学习成为可能。当我们在思考如何迎接面向未来的学习时,新技术一定是一项绕不过去的话题。无论新技术为我们提供方便的同时,会产生多少负效应,这都不是拒绝新技术的理由。我始终相信,新技术一定会以一种更系统、更可行的方式进入到学生的学习中来。

如果越来越多的教育者在协助学生学习时,能够将这些常识和理念随身携带,并转化为生产力,那么,教育将变得更简约、更简单,也必将变得更美好!

(作者系资深媒体人、中国教师报记者)

序三：教育永远是征程
——写在任永生《学习即成长》出版之际

孙秀山

  《基础教育课程改革纲要（试行）》颁布已有 10 余年了，基础教育课程改革也已经有 10 余年了，但我们课堂的改变不容乐观。为什么国家的教育意志落实到教育行为上如此艰难？带着这样的疑问，我一直在寻找答案。永生先生的《我对〈中国教师报〉课改十问的回答》引起了我的关注，进而引我走进任永生先生的博客。

  我对他崇高的教育理想——解放学生、发展学生、不唯师、只唯生、不唯教、只唯学、最终实现师生共同发展，尊重的同时，更尊重他的勇气、态度和他所坚守的教育理念。

  我尊重他勇敢无畏的勇气：向传统挑战、向世俗挑战、向权威挑战、向自我挑战。尊重他细腻认真的态度：4 年 800 多篇有深度、有广度且接地气的教育博文；尊重他坚守新课改以人为本、以生为本、以学为本的教育理念。

  永生先生认为学习就是学生的生活，是学生生存的内在需要；学生学习的基本动力是好奇心、表现欲、成就感；每个人做事的动力是兴趣、利益、压力；没有体验的学习，无异于揠苗助长，没有意义；学习的过程是不断用新我代替旧我的过程；真知是学生走出校门，具体知识忘光后剩下的思想、观念、方法、人格；教育的使命，首先是保护学生的天性，其次是提供条件。

　　当教育工作者把学习定位于成长的时候，学习的目的才能明确，学习才有价值，教育也就找到了本真。

　　从理论研究看，把学习定位于成长，研究学生的学习规律即研究学生的成长规律。学生在课堂上的成长着重强调如下四个要素：第一，激发动机。学生的成长需要激发动机，特别是内在学习动机，以保证学生积极主动地学习和思考。第二，认知矛盾。在课堂教学中，教师要根据教学目标、联系生活经验和已有知识，设计一些能够使学生产生认知矛盾的"两难情境"，启发学生积极思维。第三，自我建构。自我建构强调师生互动和生生互动。教学过程中，学生在探索、实验、观察、讨论的时候，需要教师的点燃、点拨和点评。第四，学以致用。强调所学知识和方法的应用，并迁移到日常生活、生产实践、本学科及其他学科中去，提高学生分析问题和解决问题的能力。学习内容和方法要自我构建，学习过程就是生活过程，学习的意义是实现价值。

　　从学习实践方面看，把学习定位于成长，学习变成学生自己的事情。学习的主体地位本能地体现出来，教师不再包办，学生不再依赖，学生的成长既要关注阶段性成长，更要关注长远的发展。阶段性成长即提高高（中）考成绩。高（中）考的命题原则由知识立意转向能力立意，充分体现了基础教育课程改革的理念，即注重知识的体验，注重过程和方法，注重情感、态度、价值观。长远的发展要求学生学会认知、学会做事，学会共同生活和学会生存，成为德智体美全面发展的建设者和接班人才。学生的学习有了积极性和创造性，苦学、厌学、辍学现象将不复存在。

　　从教育实践层面看，把学习定位于成长，教育为学生成长提供条件。学校提供教学的场地、设备和设施，教师是学生学习的组织者、引导者、促进者，教师由"演员"变成"导演"，基本任务变成点燃、点拨、点评。学生成为学习的主人，学习就是自我成长。成长是矛盾运动的结果，教育是学生成长的条件。

《基础教育课程改革纲要（试行）》指出："在教育行政部门的领导下，各中小学教研机构要把基础教育课程改革作为中心工作，充分发挥教学研究、指导和服务等作用，并与基础教育课程研究中心建立联系。发挥各自的优势，共同推进基础教育课程改革。"这充分说明，各级教研机构的中心工作是推行基础教育课程改革，其主要的工作职能是教学研究、指导和服务。只有研究到位，才有资本去指导，才有能力去服务。一位教育行政工作者对基础教育课程改革能有如此研究，实令教研工作者汗颜。

基础教育课程改革的核心是学习问题，《学习即成长》对于教育工作者是一个新的征程，"只要我们走在路上，就一定会遇到盛典"。风景永远在路上，让我们携手共进，走向教育那遥远的征程！

（作者系吉林省白城市教育学院副院长）

自序：学习矛盾论

以往关于学习的研究，存在这样几个问题：一是仅从学习技术和策略的角度去研究，停留在一种战术的层面，没能够上升到战略的高度；二是仅从心理学和生理学的角度出发去研究学习方法和策略，而没有从哲学的角度去研究学习的本质；三是只就学习研究学习，而没有从人的成长与发展的角度去研究学习；四是只强调了对学习外因论的研究，而没有真正注重对学习者主观能动性的研究。因此，许多看似很有道理的理论在实际应用中效果却不明显。

要想真正实现学习的革命，首先必须实现学习理论的彻底革命，跳出以往的研究方法，突破以往的研究框架，用辩证唯物主义的世界观和方法论，从人的成长与发展的角度出发，重新认识学习的基本问题。学习理论的研究应该注重以下三个方面：一是关于学习内因论。通过分析学习的本质，揭示出学习的内因，重点研究学习者的主观能动性。二是学习矛盾论。通过分析学习过程中存在的种种矛盾及其对学习的影响，揭示出学习过程的基本规律。三是学习外因论。在前两个方面研究的基础上，研究关于学习的诸多条件，并提出利用这些条件为学习者提供良好服务的思路与对策。

学习内因论。学习是人的天性，是人成长的需要，学习的过程就是自我建构的过程。因此，学习必须首先强调学习者的主观能动性。主观能动性是学习的内因，是人成长的内因。如果主观能动性没有真正得到发挥，任何学习策略和方法都是没有实际意义的。因此，在研究学习理论的同时，必须研究学习者自身在学习过程中的内部矛盾，揭示出学习的本质，回答"学习究竟是什么"这个最基本的问题。学习意义、学习动力、学习过程、学习途径、学习方法、学习方式等内容，都是从人成长的角度来揭示学习的最基本规律，并不是简单的学习方法和策略。

学习矛盾论。学习就是成长，成长就是解决自身矛盾的结果。这些矛盾构成了学习与成长过程中的诸多关系。这些基本的关系应该包括：校内与校外，教师与学生，教学与自学，灵动与肃静，学生与学生，主动与被动，体验与成长，修心与修脑，知识与道德，能力与成绩等等。弄清楚影响学习和成长的诸多矛盾，教育者才能根据这些为学习者提供良好的学习条件，学习者才能自觉整合和利用学习条件去有效解决学习中的问题。因此可以说，这些矛盾的不断解决就是学生不断成长的过程。

学习外因论。依据学习者在学习过程中的诸多矛盾，确定教育究竟应该做什么，怎么去做，做到什么程度。从学习者成长的角度出发，重新审视教育，去伪存真，让教育真正实现其使人真正成为人的基本任务。为此，我们需要从人的发展角度重新审视如下的教育概念：学校、家庭、社会、教师、课堂、同学、活动、文化、管理评价等等。这些都是学习者学习的外部条件。如何对教育的这些条件重新定位，充分整合和利用这些资源，使之真正发挥为学生成长服务的作用，应该成为学习研究的基本任务。

总之，要从学生的成长与发展的高度重新认识学习的本质，找出学习过程中的基本矛盾，揭示出学习过程中矛盾运动的基本规律，重新定位关于学习的基本条件，找到这些外在条件的角色定位，最大限度地为学生的学习、成长与发展服务。我们要通过对这些规律的研究，真正实现战术与战略的统一，学习与成长的统一，主观与客观的统一，进而真正实现学习的革命。

序一：学习理论的革命性突破 —— 2
序二：一个校长的学术野心 —— 5
序三：教育永远是征程 —— 10
自序：学习矛盾论 —— 13

第一章　成长本位视角下的学习
　　学习的革命 —— 3
　　构建"学习学" —— 6
　　学习是自我成长 —— 8
　　学习是体验生活 —— 10
　　学习是自我建构 —— 12
　　学习的基本条件 —— 14

第二章　学习的意义：自我成长

成长就是解决矛盾 —— 19

学习成就人生 —— 21

正心　壮志　强能 —— 23

修心　修脑　修行 —— 25

观念与行动 —— 27

第三章　学习动力：内因是根本动力

学习的三大动力 —— 31

"我要学"是第一学习力 —— 33

在人性中寻找学习动力 —— 35

兴趣是最好的老师 —— 37

愿景是学习的持久动力 —— 39

保持自我超越的心态 —— 41

信心　决心　恒心 —— 43

求真才能创新 —— 45

第四章　学习过程：体验生活

学习的基本规律 —— 49

体验产生真爱 —— 51

苦学　厌学　辍学 —— 53

乐学　会学　学会 —— 56

学习不可替代 —— 58

学生成长的两个家园 —— 60

第五章　学习途径与方法：自我建构

学习的基本途径 —— 65

读书改变生活 —— 67

实践出真知 —— 69

感知与感悟 —— 71

与心灵对话 —— 73

建构的四个特征 —— 75

学习的五个境界 —— 77

名人学习方法 —— 80

掌握正确的方向与方法 —— 82

第六章　学习方式：自主、合作、探究

自主　合作　探究 —— 87

学习的金字塔 —— 89

自主才能高效 —— 91

同"学"促进成长 —— 93

自主学习离不开预习 —— 95

自我展示与回答问题 —— 97

第七章　教育：学生学习的重要条件

学习的基本条件 —— 101

我的十大教育主张 —— 103

对教育的哲学回答 —— 107

教育的"是"与"不是" —— 109

教育教学要实现十个统一 —— 110

重新解读教育名词 —— 114

　　　　教育是儿童成长的条件 —— 115

　　　　好校长要念好三字经 —— 117

　　　　学校管理的十条策略 —— 119

　　　　打造实干型校长 —— 124

第八章　教师：学生成长的重要条件

　　　　学与教 —— 129

　　　　学校的特色不是专搞"特色教育" —— 131

　　　　教师要学会"隐身" —— 133

　　　　课改必须发生在教师身上 —— 135

　　　　援人以欲 —— 138

　　　　点燃　点拨　点评 —— 140

　　　　教师行为的四个层次 —— 142

　　　　教师要做到读、懂、行 —— 145

　　　　正确处理班主任工作中的八个关系 —— 147

第九章　课堂：学习发生的地方

　　　　教育不公平的原发地在课堂 —— 153

　　　　知识课堂与生命课堂 —— 155

　　　　课堂的中心是什么 —— 160

　　　　学习发生的地方都是课堂 —— 162

　　　　课堂教学的两点一线 —— 163

　　　　整合时空提高课堂教学的有效性 —— 165

　　　　以"核心素养"为本的课堂教学改革 —— 167

后记：我为什么选择做校长 —— 170

第一章
成长本位视角下的学习

本章是全书的总论,主要阐述学习的主要内容和重要意义。学习从意义上说,就是学习者自我成长;从过程上说,就是学习者体验生活;从方法上说,就是学习者自我建构;从条件上说,就是学习者自我整合。学习的主观能动性和客观条件要实现高度统一。

学习的革命

教育的真正革命,必须从学习的革命开始。任何教育资源都是学生学习和成长的外部条件,自主学习才是学生成长的内因。要实现学习的革命,就必须实现学习理论的重大突破,而学习理论的重大突破的前提是给学习一个科学的定位。

每一个事物在全局中的地位和作用都是客观的,只是人们对某一个事物的定位有科学和不科学之分。如果能科学定位,那么在这个领域的研究会更加科学,在实践上就会更加有效;反之,理论研究就会陷入困境,实践就会走弯路,不能收到很好的效果。

学习的革命之所以很难发生,关键就是以往人们对学习的定位不科学,对"学习究竟是什么"还没有完全搞清楚。现实中,我们仅仅是把学习定位于掌握知识和提高技能,其实,学习的科学定位应该是"学习即成长"。

把学习定位于掌握知识与提高技能其实已经曲解了学习的真正意义。这种认识所造成的理论与实践上的错误,还在不停地危害着学习实践和教育实践。

首先,从学习理论研究方面看,如果认为学习就是为了掌握知识和提高技能,就会使研究学习陷入僵局而无法有大的突破。在此定位下,对学习的研究只能从学习的技术层面切入,比如如何提高记忆力,如何提高分析力，如何提高注意力等等，这些都是关于学习技巧方面的战术问题。因此，关于学习理论的研究就会一直依靠生理学和心理学，这样的研究不可能走出战术研究的怪圈，很难有大的突破。

其次，从学习实践方面看，学习者为了追求成绩，就会急功近利地死记硬背。学习的目的如果仅仅为了应付考试，就会违背人的身心发展规律，致使学生不注重体验，不注重过程，不注重思考，学习就不能入脑、入心、入行，最终导致学生苦学、厌学和辍学。

第三，从教育实践的角度看，错误的学习定位造成学生学习与成长相脱离。为了追求高分，很多教育工作者往往追求一种忽视学生成长、违背成长规律的简单的"短平快"的模式，在教学上采取"满堂灌"的方式，在管理上采取"一言堂"的方法。这样的课堂和管理方式，根本不可能实现三维目标，培养出来的学生只能是听话的高分的"好学生"。他们不敢质疑，不会求真，不能创新。

当我们把学习定位于成长的时候，学习才能真正回归到它本来的意义，教育也才能回到本真。

首先，从学习理论研究方面看，如果把学习定位于成长，那么我们在研究学习规律的同时也就是在研究成长规律，这样就可以跳出技术的泥潭。站在成长的角度去研究学习，从学习意义上说，学习就是成长；从学习过程上说，学习就是生活；从学习方法上说，学习就是自我建构。成长中会有许多矛盾，这些矛盾就是学生成长的动力，教育就是帮助学生解决这些矛盾。

其次，从学习实践方面看，如果把学习看作成长，那么学习就变成了学生自己的事情，学生的主动性、积极性和创造性就会充分发挥出来，学习就会真正发生。学生会按照自己的方式进行学习，注重体验，注重过程，注重思考，在学习过程中不断完善自己的知识结构、能力结构和道德结构，从而快乐学习，健康成长。

第三，从教育实践的角度看，如果把学习定位于成长，那么教育的定位就是为学生成长提供条件，教师的职责就是为学生成长服务。教师就会把发现、培养和捍卫学生的天性作为自己的重要职责，让每一个学生都成为最好的自我。

总之，要实现教育革命，必须要先实现学习的革命。没有学习的革命，就没有真正的教育革命，而学习的革命首先要实现教育理论的革命，要把学习真正看作人成长的需要。

构建"学习学"

教育学是研究教育教学规律的科学。随着教育实践的不断发展，传统的教育学正面临着前所未有的挑战。许多有识之士一边实践一边研究，不断对传统的教育教学常识进行重新思考，力求构建一套真正符合学生身心发展规律，符合教育教学规律的教育学。研究教育学的目的是为了更好地按照教育规律办事。教育的本质就是一切从儿童出发，让人真正成为人。而在教育的过程中，学生的"学"是内因，包括"教"在内的一切教育手段和行为都是外因。因此，"教育学"本身是一门研究如何教的教育外因学。既然"学"是内因，我们就更应该研究符合儿童认知规律的"学习学"。

学习是一门科学，这毋庸置疑，但这门科学究竟应该研究什么呢？我认为，应该从以下几个方面入手并有所突破：

学习动力论。每个人都是天生的学习者，都有对科学探索的欲望，也都能够成为成功的学习者。那么学习的动力究竟是什么？一是意义驱动，学习能够改变人生，从而改变社会；二是天性驱动，每个人都有好奇心、展示欲和荣誉感，学习可以充分满足自己的天性；三是快乐驱动，在过程中体会快乐，在结果中体验幸福。

学习方法论。学习过程是探索真理、发现真善美的过程。所以，学习的方法应该遵循三个规律：一是遵循学习者的认知规律；二是遵循学习者的身心发展规律；三是遵循知识发展的逻辑规律。这里既有普遍规律，也有由学习者个体和不同学科特点而决定的特殊规律。

学习条件论。学习是自我建构的过程，建构就需要整合利用好内部与外部的所有的条件。因此，学习者必须有强烈的整合学习资源的意识和能力。实现自我构建，一是要善于整合和利用学校提供的各种硬件软件资源；二是要善于整合和利用社会的各种教育资源；三是要善于整合和利用一切包括家庭在内的与自己有人际关系的教育资源。整合就是利用，利用就是丰富和完善自我的过程。

学习过程论。学习是实现建构的过程，主要包括建构知识体系、能力体系、道德体系。因此，学习过程中就一定要遵循这样的规律：由感性认识到理性认识，再由理性认识到具体实践。具体来说，一是对事物和现象有总体全面的感知，即对事物外部联系的认识；二是对事物内部本质规律的认识，形成思想和理念；三是在此基础上不断形成自己的世界观、价值观，并付诸行动。

学习评价论。对学习如何评价，主要从三个方面进行：一是看学习的积极性主动性强不强，即想不想学习；二是看学习的方法是否科学，即会不会学习；三是看学习过程是否快乐，效果如何，即通过学习是否构建和完善了自身的知识体系、能力体系和道德体系。

总之，研究和构建"学习学"不仅仅是教育观念上的突破，它还有助于将教育实践推向一个以生为本、以学为本、以成长为本的新阶段，对当前的教育理论研究和教育实践改革都具有重要的意义。

学习是自我成长

对人的一生来说，学习是件意义重大的事情。那么学习的意义究竟是什么？我认为学习就是促进自我成长；没有学习，就没有人的成长。

什么是成长呢？每一个人的发展与成长都是通过学习来实现的。在学习中，个体不断构建知识体系、能力体系和道德体系，并不断完善，这个构建和完善的过程就是成长的过程。

构建科学完备的知识体系需要不断学习。通常，有知识被看作一个人基本素质高的标志。这里所说的"有知识"，不只是占有大量的信息，更主要的是强调三个方面：一是知识的系统性，即要掌握学科的体系，而不是掌握一些零散的碎片化知识；二是学科的方法论，即掌握学习和研究这个学科的方法，而不是简单的做题和应试；三是辩证思维，即把具体的知识上升到世界观和方法论的高度，跳出学科的界限，形成自己的思想和观念，以便科学认识世界、认识社会、认知人生。因此，要形成科学完备的知识体系就必须不断学习，学习的过程也就是个体成长的过程。

构建完善合理的能力体系需要不断学习。构建能力体系的过程也是成长过程的一个重要方面。人的能力是在不断学习中逐渐培养起来的。人的能力有许多种，但学习思考能力、合作协调能力、果断行动能力可谓其中最重要的能力。学习思考能力是人最基本的能力，通过学习不断提高思考能力，有助于提高自己的认知水平、判断是非的能力和规划设计的能力。合作协调能力是把思想变成行动的中间环节，无论什么事情，都是协同工作的结果，因此就需要把自己的思想与规划变成合作的行动。果断的行动力是把理想变成现实的唯一途径，没有行动力，任何理想都会变成泡影。

构建情理统一的道德体系需要不断学习。一个人的道德体系由世界观、人生观、价值观构成，它的形成也是不断学习的结果。人的道德水平的高低决定着一个人成长的高度，决定着一个人能否获得成功。一个人的言行是否合乎道德有两个标准：一个是要合情，就是符合传统的人与人之间的情感关系；另一个就是符合理性的要求，也就是符合规律。道德体系的建设与完善是人不断成长的标志，只有通过学习才能真正成为道德高尚的人。

有人认为学生学习是为了考上好大学，将来有个好工作，让自己的人生更幸福；成年人学习是为了提高素质，实现自己的人生理想。这都是从学习目的的角度来说的。其实，学习的直接目的就是促进成长，只有通过学习，才能成人、成才和成功。

学习是体验生活

在现实生活中，有许多人对学习乐此不疲，但并不是想要实现什么远大理想，只是从自己的天性出发，通过学习来体验生活并幸福快乐地生活。生活不同于生存，生存是满足自己的衣食住行，属于物质生活范畴，而生活不但包括物质生活，还包括人的精神生活。心理学家马斯洛把人的需求分成五个层次：

◎生理需要。这是人生存的基本需要，如吃、喝、住、行。

◎安全需要。它包括心理上与物质上的安全保障，如不受盗窃的威胁，预防危险事故，职业保障等。

◎社交需要。人作为社会的一员，需要友谊和群体的归属感，人际交往需要彼此同情、互助和赞许。

◎尊重需要。是指个人所具有的内在自尊心得到满足和得到别人认可与尊重的愿望。

◎自我实现需要。是指通过自己的努力，实现对生活的期望，从而对生活和工作真正感到很有意义。

这五个层次的需求，是从低级到高级的排列的，前两个层次基本属于生存的需要，而后三个层次属于生活的需要。但无论是生存还是生活，人都离不开学习。要想满足生理与安全的需要，人就必须有生存的本领，而生存的本领只能通过自身的学习获得；要想获得社交的需要、尊重的需要、自我实现的需要,就必须有生活的本领,这些本领也只能从学习中获得。

学习是人生存的需要。每个人从懂事开始,或者说从有意识起,就自觉不自觉地开始了学习,而且时时刻刻都在学习。如果离开学习,人就不可能很好地生存,比如小孩子从小就开始模仿大人说话和做事,对他们来说,学习如同吃饭一样,是其生命中不可缺少的一部分。日常生活中的学习是不自觉的、零散的、不系统的,而教育机构里的学习更具有计划性和系统性。但无论是哪种学习,都是人生存的需要。学习可以滋养人的生命。

学习是人生活的需要。学习本身就是生活,是人生活的一部分,是人们的生活方式。身体成长靠饮食,心灵成长靠学习,不学习就不可能获得生活需要的物质基础。每一个人的成长过程都是自我完善的过程,这个过程需要不断体验,不断感知,不断感悟,不断感动,这些都必须通过学习才能够获得。学生时代主要通过学校、家庭和社会提供的资源进行学习,走向社会以后主要通过读书和社会实践,向周围的人和事进行学习。应该说,离开学习,人就不可能实现自我完善,就不可能健康成长。生活的需要实质上是精神层面的需要,人们可以通过学习满足自己的精神需求,提高生活质量。比如有的人喜欢体育,有的人喜欢音乐,有的人喜欢美术……这些活动从本质上来说既是学习,又是生活。

学习是自我建构

学习是自我建构的过程，是学习者根据已有的知识和认知能力加工处理外界信息，从而不断建构自己知识体系、能力体系和道德体系的过程。这里面有三个关键词：自我、建构和过程。

"自我"就是自主的意思。自我建构具有不可替代性。自我有三层含义：一是学习必须变成学习者自己主动想去做的事情。如果学习者的学习是被动的，那么真正的学习就很难发生。学习是人的天性，学习就是满足自己天性的需要，也是个人生活与成长的需要。二是学习必须发生在学习者身上。任何人都不能代替别人去学习。三是学习者必须按照自己的方式进行学习。每个人的成长环境、所接受的教育、心理特点、知识基础等都不同，因此在学习过程中会表现出很大的差异性，不可能千篇一律地用一种方式去学习。只有根据自身特点选择适合的方式学习，学习才能高效。

"建构"，就是通过学习形成一定的体系。那么如何理解建构呢？一是建构具有条件性。学习者必须具有一定的知识经验和认知能力作为基础。二是建构具有差异性。不同经验和不同认知能力的学生，对相同信息的需要不同。三是建构具有结构性。学习者建构的是一种体系，是由知识体系、能力体系和道德体系组成的三位一体的体系。

"过程"强调的是学习者的亲身体验。学习者只有在学习过程中才能获得体验，也只有在过程中才能生成有价值的东西。所以，学习者在学习过程中应该把握这样几个原则：一是要高度重视过程，重视体验，在过程中建构体系。二是要强调合作，学习者要利用一切条件和平台实现合作与探究，在合作中成长，在合作中建构。三是要充分利用科学实验和多媒体等现代化的学习手段，在过程中充分体验，充分借助工具。

学习是自我建构的过程，但这一观点并不否认教师在学生学习过程中的作用。教师的作用表现为以下几个方面：一是要激发和保护学生的好奇心和展示欲，让学生感受到学习带来的快乐；二是要指导学生不断掌握"学法"，即建构的方法；三是要用学科思想、学科观念、学科方法、学科要素搭建体系框架，要把知识体系、能力体系、道德体系的框架建立起来；四是要整合学生建构过程中所需要的信息和基本条件。总之，教师的作用就是点燃学生的激情，点拨学习方法与知识难点，搭建体系基本框架，整合并提供学习信息。

学习的基本条件

学生学习与成长的内因是自我建构,其强调了学习与成长的主动性。那么,学生学习与成长的外部条件有哪些?这些条件在学生学习与成长过程中起什么作用?这是研究学习条件论的重要内容。我认为,学习的外因主要体现在以下几个方面:

学校。学校是为学生自我建构提供诸多条件的地方。这里不仅有大量的基础设施条件,比如实验室、图书馆、计算机、活动室等等,同时还有许多学生学习和成长的人文条件,比如教师、同学、活动、文化等等。可以说,学校是为学生成长提供条件的集合体。

教师。教师是学生学习和成长的引路人,是学生天性的保护神,是学生学习条件的整合者。应该说,学生天性的保护主要依靠教师,学生的学习所需要的大量物质条件和大量信息以及人文条件都需要教师根据实际情况进行合理整合,并由教师以适合学生的方式提供给学生。

课堂。课堂是学生学习与成长的重要场所,学生大部分时间都是在课堂上度过的。知识的获得、能力的提升、优秀品质的养成、健全人格的培养……都离不开课堂。因此说,素质教育在课堂。好课堂是好学校的重要条件,好学校给学生提供的建构条件主要是通过课堂实现的。

同学。同学与同学之间必须通过一定的组织形成一种关系,并通过这个组织的一系列活动共同学习、共同成长、共同进步。对每一个同学而言，其他同学都是自己学习与成长过程中的重要资源，这个资源利用得如何，决定着学生学习效果与成长的质量。如何整合和利用学生资源也是教育需要研究的重要课题。

活动。活动是学习过程中不可缺少的内容，但不能为了活动而活动，每一次活动都要有针对性和实效性。活动的目的是让学生增加体验，而体验又是学习的一种重要方式。因此，有目的地开展一系列的活动是学生学习与成长的重要条件。

文化。文化是学生学习与成长的重要土壤，没有文化的学校就像贫瘠的土地一样，会让好的种子干瘪而失去生命力。学校要构建积极向上的、符合学生天性的校园文化，以促进学生的健康成长。校园文化应该突出两大主题，一是民主与科学，二是自主与高效。只有民主才能科学，只有自主才能高效。

管理。顾名思义，管理一方面是不管就没有条理，另一方面是必须用理去管。管理在学生学习与成长过程中的作用，一方面是为每一个学生的学习与成长提供一个公平的环境条件。另一方面，管理具有导向性，能为学生的学习与成长提供正确的方向。

评价。学生健康成长的实质是个性不断完善与发展的过程。评价的目的是让学生自己真正成为自己，而不是通过学习让许多个性不同的人都变成同一种人。那么，如何保护学生的天性，如何激发学生的学习积极性？评价就是杠杆，就是方向。但评价不能等同于管理，管理突出的是共性的约束力，而评价要突出个性的张扬。

家庭。家庭是学生学习和成长的重要环境，在某种程度上说，有什么样的家庭就有什么样的孩子，每一个家庭里的孩子都有自己鲜明的个性。与学校相比，家庭更是学生张扬个性的地方。良好的家庭环境应该是培养学生良好个性的土壤，让充满个性的学生进入学校去参与共性的学习生活。

社会。社会环境对学生的学习与成长的作用也是巨大的,它既是学生成长的环境,又是对学校教育成果的检验。学生接触的社会环境具有诸多不确定性,它为学生成长提供的条件既有正能量也有负能量。因此,学校教育要培养学生鉴别真善美和假恶丑的能力,使其自觉吸收正能量,摒弃负能量,不断实现自我成长。

以上这些条件,总的来说就是三个方面,即学校、家庭和社会。这三方面既有物质条件,也有人文条件,而这些都是学生学习与成长的外部条件,都是我们必须研究的关于学习理论的课题。

第二章
学习的意义：自我成长

学习的意义是自我成长。成长是学习者内心不断产生矛盾和解决矛盾的过程，正确解决这些矛盾就是修心、修脑、修行的过程，就是实现自我成长的过程。

成长就是解决矛盾

矛盾是事物发展变化过程中本身所固有的、本质的、必然的联系。矛盾就是问题,它是一切事物发展的动力。对于学生而言,成长本身就是发展。因此,学生在成长过程中,内心要产生大量的矛盾。不断解决这些矛盾的过程,就是学生不断成长与发展的过程。

面对浩瀚的知识海洋,学生在学习生活中会产生许多疑问,为了解决这些问题和矛盾,学生就需要不断去学习、去探索,这个学习与探索的过程就是探索规律寻求真理的过程,就是解决内心疑问的过程。这些矛盾解决了,学生对事物的认识就深化了,掌握了规律和真理,自然就成长了。

面对纷繁复杂的社会,人的内心同样会有许多迷茫与困惑,比如:改革开放后,经济发展了,有些人的思想为什么会滑坡?有的人为什么变得烦躁与浮躁?在课堂上受的教育为什么和社会现实有如此大的反差?如何在这样的环境中真正做好自己?……这些矛盾会促使学习者不断思考,不断学习,用自己的立场、观点和方法去解读这些社会现实,知道什么是真善美,分清什么是假恶丑,这个学习与建构的过程就是成长的过程。

面对周围的人,学习者同样会有许多问题,如如何与人交往,如何与人沟通,如何与人合作,如何与人讨论等。这些都需要在实践中不断探索，不断思考，不断总结。生活在人群中，就要学会与他人打交道，学会解读别人。读懂别人，就要学会换位思考，学会宽容与大度。同时要不断认识自我，知道自己是谁，自己应该在哪里，自己究竟要去哪里，并在实践中不断解读别人、解读自我、完善自我。与人合作交往的过程是成长的过程，也是不断解决内心问题和矛盾的过程。

每一个人无论在学习方面、社会认知方面，还是在与人合作交往方面，内心都会产生许多矛盾，解决这些矛盾的过程就是学习与成长的过程。没有矛盾，就没有内心的运动，也就没有自我的成长与发展。因此，矛盾是人成长的动力。

学习成就人生

人活得有意义，并不取决于对物质财富的大量占有。当一个人把创造物质财富的目的定位于个人享乐时，一旦真的有了钱，而自己又消费不了的时候，其人生追求就将停止，人生也就失去了真正的意义。当一个人把创造物质财富的目的定位于为社会服务时，他才真正有了生活的动力。有人说，一个人不能决定自己生命的长度，但必须把握好自己生命的宽度。这句话告诉我们，人生的意义不只在于对物质的获取，更重要的应该是有精神追求。当一个人有了精神追求时，他将是富有且快乐的，因为精神追求是无止境的。而精神财富的拥有，除了学习别无他路。

学习只有成为人的生活方式，成为人生命中不可或缺的一部分，才能真正有意义。没有学习，人就不会进步，他的今天、明天将不会变化和发展，他的生命只会随着时间的流逝而不断缩短。人的心灵不成长，与等待生命结束没有本质区别。

学习是为了慰藉心灵、强大自己、增长本领、服务社会。子曰："知者不惑，仁者不忧，勇者不惧。"只有不断学习才能做到不惑、不忧、不惧。人的认知范围是天、人、物、我，学习的途径是向书本学习，向周围的人学习，向社会学习。

学习并非只是为了装点门面。许多人家里、办公室里摆了不少书，时而也翻一翻，学一学，他们学习只是为了说几句时髦的话，怕别人说自己没有文化。他们用眼睛看，用脑袋记，用嘴巴说，但从来不与书进行心灵对话，所以不会深刻理解书中的精髓。

学习并非简单地向书本学习。向书本学习是必要的，因为前人和他人给我们提供了宝贵的精神财富，我们必须虚心学习。但我们不能死读书、读死书，而是要结合自身的实际和变化的现实用心取其精华、去其糟粕。我们要向周围的人学习，向身边的同事学习。"三个臭皮匠顶个诸葛亮""三人行必有我师"，更何况我们周围有着那么多的"诸葛亮"。我们要善于从他人的成功中总结经验，从他人的错误中反思审视。我们要向社会学习，要用自己的思维对社会上发生的事情进行分析，从中解读社会和人生，要善于举一反三，吸取经验和教训。我们还要善于向实践学习。只有勇于实践，才能在实践中增长真知灼见。

要想做"一个高尚的人，一个纯粹的人，一个有道德的人，一个脱离了低级趣味的人，一个有益于人民的人"，就必须把学习视为自己生命的一部分，让学习成为自己的生活方式。

正心　壮志　强能

众所周知，学习可以增长知识、提升能力、培养品质、构建人格。概括地说，学习可以正心、壮志、强能。

学习可以正心。这里所说的"心"包括人的立场、思想、观念、品质、人格。正心，就是通过学习，让自己有正确的出发点，知道为什么做事情，为谁去做事情；通过学习，让自己的思想不断符合客观规律，不断完善自己的思想体系；通过学习，让自己的观念不断与时俱进，跟上时代的步伐；通过学习，不断培养自己的优秀品质，既具有时代特征，又具有鲜明的个性特征；通过学习，让自己具有良好的精神状态，积极进取，开拓创新，具有能够适应现代社会发展的人格特征。

学习可以壮志。这里所说的"志"有两个方面的含义，即志向和意志。志向来源于人的正确思想和观念，只有立大志才能成大才。只有对客观规律有一个准确的把握，对自己有一个准确的认识，才能使自己的志向符合社会发展规律，符合人的发展规律，符合自己发展的实际。志向是人的世界观、人生观、价值观的外在体现，有了志向就有了奋斗的方向，否则就会像没有航标的船一样随风漂泊。意志是成功的必要条件，意志来源于大志，大志依靠意志来实现，没有百折不挠的精神就会一事无成。

学习可以强能。"能"就是能力。一个人不论从事什么职业，都需要一些最基本的能力，如学习思考能力、合作协调能力、果断行动能力等。学习思考能力是人最基本的能力。通过学习与思考提高自己的思想水平和认知水平，提高自己判断是非的能力，提高自己的规划设计能力。合作协调能力是把思想变成行动的中间环节。凡做大事者，都不会选择孤军作战，而要把自己的思想与规划变成合作伙伴的行动，这就需要合作与协调能力。果断行动能力是把理想变成现实的唯一途径。没有行动力，任何理想都会变成泡影。

明确了学习的意义，知道究竟为什么而学习，才能不断用新我替代旧我，才能让自己的生命得到健康的发展，才能让自己不断走向成功，才能真正得到人生的幸福。

修心　修脑　修行

成长是成功的前提。每个人的成长都有其独特的方法与途径。成功离不开三个关键字，即心、脑、行。修心就是积淀自己的世界观、人生观和价值观；修脑就是积淀自己的人生智慧；修行就是不断反思和调整自己的行为，做到按规律办事。

修心就是构建自己的精神家园。修炼自己的大爱与真爱情怀。爱的力量伟大且神奇，它取之不尽，用之不竭。大爱就是要发自内心地爱身边的人，要怀有感恩之心，不要忘记那些曾帮助过你的人，时刻不忘助人为乐，时刻提醒自己有许多人需要你的帮助。真爱就是用别人喜欢的方式去爱对方，让对方真正感受到爱的存在和爱的力量，用大爱和真爱书写自己的幸福人生。要敢于担当，不能人云亦云，不能亦步亦趋，要敢于挑战权威、挑战世俗、挑战功利、挑战自我；修炼自己的意志，要有咬定青山不放松的精神，为了自己的人生信仰永不放弃。

修脑就是积累自己的人生智慧。我们每个人每天都在学习——向书本学习、向实践学习、向别人学习。在学习过程中，要不断思考，把学习和思考的感悟积累起来作为人生的精神财富；要把积累起来的人生智慧同别人一起分享，并逐渐形成自己的思想和观念；要以求真的精神把握事物发展变化的规律，通过学习与实践，不断深化对自然、对人生、对社会、对自我的认识，从而真正做到按照客观规律办事。

修行就是让自己的行为符合道德和规律要求。人们每天都在按照自己的方式行动着，每天也都在观察着别人的行为。我们需要不断进行反思：自己的行为是不是符合人的成长规律，是不是符合事物的发展规律，是不是符合道德要求……要反思今天的行动，调整明天的行动。反思得越深刻，对现实的理解就越接近规律，行动就越符合规律与道德。

心、脑、行之间是什么关系呢？一位诗人说过这样的话："我的心灵是我思想的父亲，我的大脑是我心灵的妻子，他们两个产生一代代生生不息的思想。"心是管方向的，脑是管方法的，行是管行动的。方向决定方法，有了方向和方法，没有行动，理想就不能变成现实，因为想到和得到之间需要做到。因此，修心、修脑、修行三者缺一不可，只有做到心正、脑新、行坚才能成功。

观念与行动

人们经常说,要解放思想,更新观念,实事求是,真抓实干。那么何为思想?何为观念?思想和观念与人的行动有什么关系呢?所谓思想就是人对客观事物系统性的认识。一般来讲,思想具有系统性和理论性,而观念则是对具体事物或者事物某一方面的认识。思想提供的是立场、观点和方法,观念提供的是行动的依据,因此说,观念决定人的行为。

观念决定人的思维方式。有这样一个故事,一家英国的鞋厂和一家美国的鞋厂,各派一名推销员去太平洋的一个小岛做推销工作。上岛后,他们各自给自己的鞋厂拍回一封电报。英国推销员的电报是:"这岛上的人不穿鞋,明天搭头班飞机回去。"美国推销员那封电报是:"棒极了,这个岛上的人都没有穿上鞋子,潜力很大,我拟常住此岛。"这说明,面对同样的情况,一个看到的是失望,一个看到的是机遇。可见不同的观念就会有不同的思维方式,得出的结论就不同。现实中,人们往往会用旧观念解读新事物,得到的结论也不符合实际,因而错失了许多发展机遇。

观念决定人的情感方式。著名清官海瑞,是个素质很高的人,但也因观念束缚做过蠢事。一次,五岁的女儿从男仆人手里接过点心吃,这件小事竟然使海瑞勃然大怒,硬是逼着女儿绝食自杀。难道他不爱自己的女儿吗？当然不是。是他无知吗？也不是。酿成悲剧的罪魁祸首正是海瑞落后荒谬的"男女授受不亲"的封建道德观念。这种观念决定了他的情感方式，令他做出如此之事。

　　观念决定人的行为方式。观念决定着人的思维方式和情感方式，思维方式和情感方式又构成了人的心智模式。人们总是通过心智模式解读事物，然后采取行动。人的心智模式又决定着人的行为方式，它直接支配着人的实际行动。因此说，知识不如能力，能力不如素质，素质不如观念。所以要改变现实，首先必须改变人的观念，通过改变观念改变人的行为。

第三章
学习动力：内因是根本动力

好奇心、表现欲、成就感是学生学习的三大动力。因此培养学习兴趣、树立美好愿景、保持自我超越心态就成为培植学习动力的三大源泉。信心、决心、恒心是学习动力的外在体现，质疑、求真、创新三大学习品质是学习动力的内在体现。

学习的三大动力

学习是人的天性。在人的天性中,是什么能够让人不断持久地喜欢学习呢?这就是学习的基本动力问题。人的好奇心、表现欲、成就感是学习的基本动力。

好奇心是学习的原动力。好奇心是人的基本天性,它能让人产生学习兴趣。一个人如果能够长期保持强烈的好奇心,保持浓厚的学习兴趣,就能够长期坚持学习并取得成绩。好奇心促使学习者不断探究,但在探究的过程中一定会有许多阻碍,为了破解一系列的问题与阻碍,学习者就要不断地吸收新知识,不断提高自己的认知水平。这就是学习。一些人之所以厌学,就是因为自己的好奇心不断减弱,学习兴趣不断下降。因此,保护好好奇心是有效学习的基本条件。

表现欲是学习的重要动力。每一个人都有很强的表现欲。现实中有许多人经常表现,一些人却很少表现,但这并不能说明不经常表现的人就不喜欢表现。他们之所以很少表现,根本原因有两个:一是他们没有自信心去表现,认为自己对要表现的东西没有完全弄清楚;二是没有表现的机会,现实中仅有的表现机会已经被那些优秀的人抢走了。如果能给他们提供大量的表现机会,搭建更多的表现平台,他们一定能够更好地表现自我。为了更好地表现自我,就一定会认真学习。因此,表现欲是人学习的重要动力。

成就感是学习的持久动力。每个人都希望取得成就，得到别人的认同。那么靠什么获得认同呢？主要靠学习者的学识、能力和人格魅力。而学识、能力和人格魅力的获得必须依靠学习。每个人心中都有一个近期的美好愿望，也都有一个长远的美好愿景。愿景的实现靠一个个小的愿望的实现累积，积小成大，从而获得人生的幸福。

　　学习者要实现真正的学习，就要有强烈的好奇心，不断增强学习兴趣，寻找表现的平台，用成就感不断激发自己学习的信心和决心。

"我要学"是第一学习力

有一位老同志很喜欢乐器，笛子和二胡都玩得很棒。如果不了解他的历史，你一定以为他受过这方面的培训，专门学习过这些乐器。其实，在音乐学习方面他根本就没有接受过正规的学校教育，只是在业余时间向一些乐器爱好者学习过一些基本知识，除此之外完全靠自学。他回忆自己的学习过程时说，小时候就特别喜欢乐器，特别羡慕那些会吹打弹拉的人，但那个时候自己买不起笛子和二胡，于是就用竹竿和马尾巴毛做了出来，然后整日琢磨，偶尔也偷偷地向别人学习。他说，现在有些家长不顾孩子是否喜欢，花好多钱让孩子去参加乐器学习班，结果学无所成，原因就在于孩子缺乏兴趣。

我们经常说兴趣是最好的老师，只有特别喜欢学，才能把学习当成乐趣而不是负担。想学就是乐学，只有乐学才能会学，只有会学才能真正学会。乐学是动力，会学是方法，学会是目的。教育首先应该在尊重学生天性的基础上，激发学生的学习积极性，发现并保护学生的学习兴趣，让学生真正实现由"要我学"向"我要学"转变。

每个学生都是天生的学习者，这是他们的天性，在他们学习的过程中需要教师和家长不断地保护这种天性。而在现实的教育实践中有一种普遍现象，那就是从幼儿园到高中，孩子们发言的积极性越来越弱。当然这与学生的年龄变化有关，可是还有一个不可忽视的原因，就是在我们的教学过程中没有真正保护好学生的这种积极性。教师为了完成教学任务，总是让那些学习好的学生发言，偶尔也会让一些成绩一般的同学发言。但后者却很少得到教师的鼓励，甚至有的时候回答错了得到的是批评。这种结果自然极大地挫伤了这部分学生的学习积极性。这种现象使得学生学习的积极性不断减弱，自信心不断减弱。因此，保护好学生的学习天性是教育的首要责任。

孩子们除了有对科学探索的共同好奇心以外，还会有一些个性化的爱好。这些个性化的爱好不可能千篇一律，所以家长和教师要善于发现孩子的个性爱好。发现就是最大的尊重，千万不能把自己的爱好强加给学生。有许多家长和教师不顾孩子自身的兴趣，强迫孩子去学习不喜欢的东西，这无形中增加了孩子的负担，造成学生厌学，结果事倍功半，得不偿失。所以，教育必须发现孩子的兴趣。

培养和激发学生的学习兴趣比教给学生现成的知识重要得多。培养学生学习积极性的方法和手段很多，既有许多共性的方法，也有许多根据不同学生的特点采取的个性化的方法，但有一点我们不能忽视，那就是要靠学科本身的魅力去吸引学生。学科的魅力就是能够让学习者在探究学习的过程中发现真善美，让学习者掌握规律，还不断陶冶他们的情操，完善自身的人格。所以，教师引导和帮助学生不断发现学科魅力的过程，就是不断激发学生学习兴趣的过程，这是最根本的培养学生学习兴趣的"道"。

对每个学生身上都有的天性要不断地保护和激发，对个别学生身上有的特质也要发现和培养。激发、培养和保护学生学习的天性是教育的首要责任，教育的过程就是要不断把"要我学"变成"我要学"，而不是强迫学生学习，让学生背上违背兴趣的负担。

在人性中寻找学习动力

在新课改过程中,教师们提到最多的问题就是孩子们不愿意学习。其实,课改最需要解决的正是学生厌学的问题,而解决厌学问题的关键就是找到学生学习的不竭动力。

孩子们不愿意学习大都是因为学不会,学不会的主要原因是缺乏学习动力和科学的学习方法。其实动力比方法更重要。所以,我们应该重点探讨的问题是,到哪里去寻找孩子们学习的动力?孩子们的学习动力究竟是什么?用什么样的方法激发孩子们的学习动力?

高效课堂在激发学习动力方面已经有了很大的突破。传统课堂的突出问题是没有真正解决激发学生的学习动力问题。当然,也不能说传统课堂学生学习没有动力。打个比方,传统课堂学生学习的动力是胡萝卜加大棒,胡萝卜就是升学,大棒就是来自家长、社会和教师的压力,这些动力都是来源于学生外部,因此学生的学习基本是被动的。为了让孩子们好好学习,我们一直在强调"书中自有黄金屋,书中自有颜如玉""书山有路勤为径,学海无涯苦作舟",提倡悬梁刺股、凿壁偷光等。在这样的教育下,许多孩子为了高分而苦学,结果却事与愿违。很多孩子因得不到胡萝卜而放弃学习,甚至辍学;一些孩子得到了胡萝卜后就觉得"革命"到了头,到了大学彻底放松。所以传统教育很难培养出有持续学习能力的人才。

要想让孩子学得快乐、学得高效、全体发展、全面发展，靠空洞的理论不能解决动力问题。那么，到哪里去寻找孩子们永不枯竭的学习动力呢？必须到人性中去寻找内驱力！孩子们内心深处的好奇心、自尊心、认同心、表现欲、荣誉感就是孩子们内心学习的真正的、直接的、永不枯竭的动力。

用什么方法来激发孩子们的动力呢？预习、展示、反馈的学习模式在很大程度上解决了这个问题。孩子们为了在课堂上展示自我，为了同学和老师认同自己，为了小组能够取得荣誉，就会不断加强自主学习。而自主学习后的良好效果又增强了他们的自信心，由此形成良性循环，达到了高效的目的，同时也培养了孩子们的学习能力以及优秀品质和健全人格。

所以，只有激发孩子们心中的好奇心、自尊心、认同心、表现欲和荣誉感，才能真正激发孩子们学习的不竭动力。凡事只要顺应天性，一切都会变得简单。

兴趣是最好的老师

伟大的科学家爱因斯坦说过："我认为,对一切来说,只有热爱才是最好的老师,它远远胜过责任感。"一个人一旦对某个事物有了浓厚的兴趣,就会主动去求知、去探索、去实践,并在求知、探索、实践中产生愉快的情绪,获得成功的体验。所以,古今中外的教育家无不重视兴趣在智力开发中的作用。

"我要学"是第一学习力。由好奇心产生的兴趣是第一学习力中最核心的动力。兴趣是最好的老师,没有兴趣就没有学习的真正发生。古今中外所有取得成就的大科学家无一不是在某一个领域具有强烈的好奇心和浓厚兴趣。

孔子说："知之者不如好之者,好之者不如乐之者。"歌德说："哪里没有兴趣,哪里就没有记忆。"莱辛说："好奇的目光常常可以看到比他所希望看到的东西更多。"亚里士多德说："古往今来人们开始探索,都应起源于对自然万物的惊异。"……

由此可见,爱好是获得知识的第一步。学习实践告诉我们,心情愉悦时学到的东西永远不会忘。因此,张载说："人若志趣不远,心不在焉,虽学无成。"布卢姆说："学习的最大动力,是对学习材料的兴趣。"张洁说："任何一种兴趣都包含着天性中有倾向性的呼声,也许还包含着一种处在原始状态中的天才的闪光。"

有些学校,学生经常课堂上睡倒一片,课下则以抄袭的方式完成作业,问其原因,给出的理由是:课业负担太重,自己太累了。而如果将地点由课堂转移到网吧,他们能乐此不疲地玩个通宵。造成此类现象的根本原因就是他们对学习没有兴趣,而对玩游戏具有极大的兴趣。现在的手机功能特别强大,成年人几乎做不到把手机的功能完全开发出来,新买的手机还要看说明书才能会用,而孩子们则不用看说明书,就可以用得相当熟练,这就是兴趣的力量。著名教师魏书生做教育局长的时候,还教一个班的语文课,他说:"我不是在作秀,你们也千万别说我高尚和伟大,其实这些都是满足我的自私自利,我一进课堂就开心、就兴奋、就高兴。所以,我离不开课堂,离不开学生。"

好奇心是人性中固有的东西,一个人如果能够保持对知识的好奇心就会对学习产生浓厚的兴趣。因此,学校教育应该不断发现、培养和满足学生的好奇心,使他们保持浓厚的学习兴趣,而不能让学生因死记硬背一些条条框框,而导致对学习失去兴趣,失去信心。当今的教育往往违背学生的天性,强迫学生做一些他们根本没有兴趣的事情,这样的教育只能事倍功半。

有兴趣才能认真学习,才能探索真理、掌握真理、发展真理和实践真理,才敢于挑战。因此,世界上只有一种英雄主义——看到世界的本来面目而热爱它。人与人之间的区别本没有我们想象得那么大,其差别主要表现为兴趣的不同。因此,木村久一说:"天才就是强烈的兴趣和顽强的入迷。"教育不只是教学生各种知识,更重要的是培养学生探究知识和真理的兴趣,且在这种兴趣被充分激发起来的时候,再教给他们方法。

愿景是学习的持久动力

学习的动力有三个，即好奇心、表现欲和成就感。表现欲和成就感是满足人自我实现后的心理需求。成就感是相对于自己的人生目标而说的，人生目标就是我们所说的美好愿景。

愿景是人们所向往的前景。愿就是心愿，景就是景象。这个景象存在于脑海里，是看不到的。这是一个描绘见未来的美景，这个美景能给人动力。人人都会对自己的未来有一个美好的憧憬，这种美好的憧憬就是愿景，它是人们成长的动力源泉。心中始终有梦想，学习就会产生无穷的力量。

愿景可分为长远愿景、中期愿景和近期愿景。人们做事情总是想要达到目的，而有了愿景才会有心理驱动。学习过程就是成长的过程，其实质是不断实现一个个小愿景的过程。一个个小愿景实现了，就会有成就感，就会不断实现中期愿景，离长远愿景也就越来越近。

愿景是人们永远为之奋斗并希望达成的图景，它是一种意愿的表达，它包括核心信仰和未来前景。核心信仰包括核心价值观和核心使命，规定着人们的基本价值观，能让一个人从本质上长期不变地坚守着人生信条。核心价值观是最基本和持久的信仰。未来前景是人们将要实现的宏大愿景。

愿景如此重要，因此人人都要树立美好愿景。有了美好愿景就会使自己有学习的动力，就会让自己健康成长。每一个人都要明确人生的意义，树立正确的核心价值观，树立正确的世界观、人生观和价值观；要时刻不忘用科学的理论武装自己，用正确的观念引导自己，用优秀的作品鼓舞自己，让自己有正确的立场、观点和方法。

保持自我超越的心态

　　成长的过程就是不断实现自我超越的过程,就是不断用新我代替旧我的过程。今天的你应该超越昨天的你,今天的你应该对明天的你有所期待。自我超越的意识就是一种良好的心理暗示,这种暗示可转化为自我成长的动力。

　　自我超越是指一个人能够认清自己真正的愿望,为了实现愿望而集中精力,培养必要的耐心,并能客观地观察现实,以便更好地把握人生,更有意义地去生活。对人生意义的追求不能只满足于自我的平衡状态,而要有一种自我的超越,要勇于承担责任,敢冒风险,不断创造。一个能够自我超越的人,一生都在追求卓越的境界,不断地学习和创造。

　　自我超越强调自我,也就是强调内因。要想成功就要学会增强个人的能力,突破成长上限,不断实现心中的梦想。自我超越并非易事,需要不断进行自我超越的修炼,进而重新认识自己、认识人生,挖掘出内心向上的欲望和潜能,以一种积极的、创造性的态度对待生活。英国著名物理学家霍金身患肌肉萎缩性侧索硬化症,但他克服了种种困难,成为当今世界上继爱因斯坦之后的杰出理论物理学家之一,这是他不断设定目标、超越极限、实现自我超越的结果。

　　树立美好愿景,认识自我。要想实现自我超越,就必须在心中树立一个美好的愿景,希望自己成为一个什么样的人,进而正确地认识自己,时刻提醒自己：我是谁，我去哪，我在哪。这种心理暗示就是一个人成长的动力。从心理机制上讲，心理暗示是一种被主观意愿肯定了的假设，不一定有根据，但由于主观上已肯定了它的存在，于是心理上便竭力趋向于这个目标。人们在生活中无时无刻不在接收着外界的暗示，良好的心理暗示就是人们成长的积极推动力。

克服自我设限，突破自我。在心理学上有这样一个实验，生物学家往一个玻璃杯里放进一只跳蚤，发现跳蚤立即轻易地跳了出来。跳蚤跳的高度一般可达它身体的400倍左右。实验者再次把这只跳蚤放进杯子里，同时在杯子上加一个玻璃盖，"砰"的一声，跳蚤重重地撞在玻璃盖上，但是它不会停下来，一次次失败后，它开始根据盖子的高度来调整自己所跳的高度。再过一阵子，实验者发现这只跳蚤只能在盖子下面自由地跳动。一天后，实验者开始把这个盖子轻轻拿掉，跳蚤不知道盖子已经被拿掉了，它还是在原来的这个高度继续地跳。这个实验告诉我们，要想塑造一个全新的自我，就不要自我设限，要勇于打破内心的这种心理高度界限。

敢于挑战现实，成就自我。每一个人都生活在现实中，现实给我们设置了许多荆棘和枷锁，有传统的束缚，有权威的压制，有世俗的沿革，更有自我的限制，如果不敢怀疑，不敢挑战，不敢求真，人就只能生活在这些笼子里，只能是唯书唯上不唯实。要想实现自我超越，就要敢于挑战传统，挑战权威，挑战世俗，挑战自我，要有敢为天下先、敢教日月换新天的英雄气魄。挑战旧东西的目的是为了创新，只有创新才能不断前进，才能不断成就自我。

信心 决心 恒心

现实中有许多天分很好的孩子,学习成绩却很一般;也有许多天分一般的孩子,学习成绩却很好。从这一点来看,学习成绩不仅仅取决于智力因素,在某种程度上还取决于非智力因素。非智力因素是指学习者的兴趣、需要、情感、意志等,在诸多的非智力因素当中,意志是极为重要的因素。一个人的学习品质主要是通过学习意志表现出来的,可以说,学习品质的核心是学习意志。

何为意志?意志是人自觉地确定目标,并以此调节支配自身的行动克服困难,去实现目标的心理过程,是人的主观能动性的重要表现形式。学习意志就是学习者自觉确定目标,并根据学习目标调节支配自己的学习活动,排除各种干扰,自觉整合和利用各种学习资源,去实现自己学习目标的心理过程。信心、决心和恒心是学习意志的核心表现。

有信心才能确定目标。信心就是相信自己一定能够做到,是发自内心的自我肯定。自信心是做好任何事情的前提,更是获得良好学习效果的前提。凡成功者都具有很强的自信心,它是成功者的共同具有的品质。学习者有了信心,才能确定一个切合实际的学习目标,才能有一个自己追求的方向。相反,如果没有信心就不会有高远的目标,就会不自觉地放缓前进步伐,也就不会发挥最大的潜力去拼搏和学习。

有决心才能排除干扰。决心就是坚定不移地向既定目标前进。当学习者确定了美好的愿景准备出发的时候,就必须下定决心,全力以赴地向目标前进。当行走在前进路上的时候,路边会有许多充满诱惑的美景,要想不被路边的美景所吸引迷惑,就需要心中始终装着目标,知道自己要去哪里,要有决心排除各种干扰。许多学生学习的时候,注意力不集中,就是因为在学习的过程中,思想开了小差,去欣赏路边的美景了;也有许多人天资聪颖,却一事无成,就是因为他们没有坚定的决心始终去关注一件事情。

有恒心才能攻坚克难。恒心就是不断探索,敢于攻坚克难的强大勇气。在前进的道路上,一个人遇到的不仅仅是来自迷人风景的诱惑,还有许多沟壑和荆棘之类的艰难险阻。如何克服这些艰难险阻奔向目标?这就需要学习者具有不断探索、敢于攻坚克难的勇气和恒心。人生需要有恒心,学习也是如此。老一辈革命家叶剑英在《攻关》中写道:"攻城不怕坚,读书莫为难,科学有险阻,苦战能过关。"这应该成为所有学习者的座右铭。学习者一定要培养自己敢于攻坚克难的精神,不要见硬就怕,应该把攻坚克难当作学习和生活的一种乐趣,这样才能真正走向成功。

总之,信心解决"我能行"的问题,决心解决"我要行"的问题,恒心解决"我真行"的问题。信心、决心、恒心可以使学习者的天分发挥到最佳状态。否则,再好的天分都会沉睡。心理学告诉我们,人的天分本来并不存在很大的差别,因此,从某种程度上说,学习的竞争就是学习品质和学习意志的竞争,而不是人的天分的竞争。学习者要不断增强自己的学习意志,教育者更要把培养学生非智力因素当作一项重要工作来抓。

求真才能创新

真正的学习就是要学会学习,学会合作,学会做人,学会做事,通过学习提高综合素质。素质教育的核心是什么?我认为,素质教育最核心的内容就是学会求真,正所谓"千学万学学会求真"。什么叫学会求真?那就是崇尚真理,探索真理,坚持真理,实践真理,发展真理,做一个名副其实的"人"。

在社会现实中,我们要明确学习的一个主要目的就是求真。要崇尚一个"真"字,追求一个"真"字,坚持一个"真"字,实践一个"真"字。不论你的信仰是什么,也不论你崇尚什么,只要你崇尚"真",就一定能够形成科学的世界观、人生观、价值观。

崇尚真理。一个不崇尚真理的民族一定是一个没有前途的民族。现在社会上,拜金主义、享乐主义和极端个人主义泛滥,给学生的学习与成长环境造成了严重的污染。一些人崇尚权力和金钱,思想道德不断滑坡,心灵越来越空虚,因此,越是在这样的条件下,学会求真的难度就越大,就越需要培养自己崇尚真理的精神。只有崇尚真理,社会才能进步,人生才有价值。

探求真理。学习就是让自己感知真理、感悟真理、掌握真理,进而学会探索真理的方法,用正确的方法找到真理。寻找规律就是求"真",探索真理的过程就是不断发现真善美的过程,就是不断与假恶丑做斗争的过程，就是让自己的心灵不断净化、让自己的能力不断提升的过程。

　　坚持真理。知道了什么是真善美，什么是假恶丑，就要做到无论在什么样的条件下都要敢于坚持真善美，敢于打击假丑恶。要用正确的立场、观点和方法做事情，不能心无主见，人云亦云，要有自己的信仰和主张，努力捍卫科学，大胆追求真理。

　　发展真理。真理都是相对的，都是一定历史条件下的产物。我们要以实事求是的态度，不断创新，不断发现新的真理，把普遍真理同新时代丰富多彩的实践结合起来。要不断解放思想，更新观念，与时俱进，丰富和发展真理。要用新的规律指导新的实践，用新的实践丰富和发展真理，做到理论与实践相结合，主观与客观相一致。

第四章

学习过程：体验生活

　　学习的过程就是体验生活的过程。学习是人的天性，学习本身就是生活，生活强调体验。学习过程也是解决内心矛盾的过程，是实现乐学、会学、学会的过程，也是享受生活的过程。

学习的基本规律

学习方法林林总总，数不胜数，但无论什么样的学习方法都必须遵循最一般的规律：从整体到部分，从现象到本质，从感知到感悟。

从整体到部分。任何时候人们认识事物，首先是从事物的整体开始，然后再去关注事物的各个部分，再由部分回到整体，这是符合人们认识习惯的。比如，我们认识一个人，首先认识他的整体样貌，然后再去观察他身体的各个部分，最后再回到他的整体样貌上来。同理，在学习的过程中，我们也要遵循从整体到部分的学习方式，先了解事物的外部特征和整体框架，再从细处了解事物的各种部分与各要素，最后从整体上把握学习过程。这种学习方式也是问题式学习方式。如果一味地只用碎片化的学习方式，最后的结果就会导致只见树木不见森林。

从现象到本质。现象是事物外部呈现的东西，本质是事物内部的发展变化规律。比如，我们平时接触的昼夜、春夏秋冬等，这些是现象，其本质是由于地球围绕太阳的自转和公转而形成的。现象让人产生好奇心，引起人们的思考和探索，促使人去发现探索事物的本质，即事物发展变化的规律。因此，在学习的过程中，学习者一定要不断观察，不断体验，不断思考，不断总结。

从感知到感悟。从现象到本质的过程就是从感性认识到理性认识的过程,也就是从感知到感悟的过程。这个过程主要靠观察和体验,靠自己的理性思维才能完成。我们掌握事物发展变化规律的过程,其实也是发现真善美的过程,因为凡是符合客观规律的东西都是真的,真总是与善与美同行;凡是不符合客观规律的东西都是假的,假总是与丑与恶为伍。真善美的东西就会让人感动,而假恶丑的东西会使人厌恶。

总之,人类的学习总是遵循着从整体到部分,从现象到本质,从感知到感悟的基本规律。任何违背认知规律的学习方式都不会取得好的结果。

体验产生真爱

从小学到高中，凡是老师要求背诵的课文，我们总是能够背得滚瓜烂熟，但现在记忆一些东西却经常丢三落四，感觉记忆力远远不如以前了。与此相反的是，我们对于那些自己感兴趣的经过反复思考的东西却能够印象深刻，经久不忘，这大概是对自己"生产"出的东西有感情的缘故吧。感情产生于自己的亲身经历，或者说是对自己生产的东西记忆最深刻。

现实生活中，人们总是对自己生产的东西最有感情，而对有感情的东西记得最清楚。可以说，一个人对自己亲身经历的事情总是历历在目，记忆深刻。比如，一个孩子在别人眼中也许有很多毛病，但在自己父母眼中却是毫无瑕疵的。因为自己"创造"的作品虽然不是很出色，却总是百看不厌。

人们总是对有情感的东西念念不忘。情感产生在亲身体验的过程中，如学生时代面对一道百思不得其解的几何题，如果我们突然想到引一条辅助线并能轻松破解，我们会兴奋不已，可能会终生不忘。而老师讲过的东西，我们却往往容易忘记，或者不会完全记住，甚至在考试的时候，经常把老师讲过的题答错。老师经常会说："我都讲多少遍了，你们怎么还不会呢？"所以，从这个意义上我们可以说，学习即体验，体验方能有情感，有情感就能够产生爱，有兴趣的爱让记忆深刻！

新课改提出的三维目标是知识与技能、过程与方法、情感态度与价值观。过程是其他目标实现的基础,有过程才能有体验,有体验才能有情感,有了情感才能真正掌握知识与技能,才能在过程中掌握方法,才能在情感的驱使下形成正确的态度与价值观。

所以,教育一定要想方设法让学生在过程中体验。满堂灌的教学模式剥夺了孩子的体验过程,是在浪费孩子的生命。没有过程,无异于拔苗助长,教育也就失去了原本的意义。

学习者要特别注重过程的体验,教育者也一定要给学习者提供适当的体验机会,让学生在体验中产生情感,用情感和知识对话,用情感和同学合作与探究,用正确的情感构建自己的世界观、人生观和价值观。

苦学　厌学　辍学

　　经过三轮普及九年义务教育的验收，义务教育阶段的办学条件发生了翻天覆地的变化。目前的办学条件基本能够满足教育教学的需要。国家要求教育投入不低于地区 GDP 的百分之四，教育教学条件还在进一步改善。但这样的教育投入仍然没有真正解决教育的内涵式发展问题，没有真正解决教育的"三学"问题——苦学、厌学、辍学。

　　苦学成为学生学习的常态。我们随处也都可以看见学生苦学的现象。当成年人还没有到上班时间，学校门前就已经挤满了送孩子上学的家长，孩子们背着沉甸甸的书包，有的孩子手中拿着早餐边走边吃，在家长的护送下走进校园。孩子们到了教室，马上就开始了一天的学习生活，有些孩子要在早自习的时间里把昨天晚上没有完成的作业快速完成，以应付老师检查。上课时间到了，所有的科目都以相同的结构相同的节奏进行着，即教师从第一节课开始就是一个频率地讲，讲完就是练习，然后就是留作业。有的学校还经常把体育课、美术课、音乐课换成了语文课、数学课、英语课，为的是逼迫学生有更多的时间学习那些需要考试的科目。孩子晚上到家吃完饭，家长不让出去玩，不让看电视，不让玩电脑，只能写作业。到了周末，学生的生活一点也不比上学轻松，家长早就安排好了各种课外兴趣班、补习班。平时的考试有周考、月考、期中考、期末考，考得学生蒙头转向，考得家长心惊肉跳。

厌学成为教育难割的毒瘤。我们随处也都可以看见学生厌学的现象，走进教室，很少能看见学生的笑脸。在网上可以看到国外课堂上的照片，呈现的是一张张笑脸，与中国课堂上学生的愁眉苦脸形成鲜明对比。原来还一直以为中国孩子凝重的表情是在真正学习，而国外孩子那种快乐的表情是学习不认真呢！其实，人家是主动快乐地学习，而咱们是被动痛苦地学习。在中小学的课堂上，经常会发现有的学生与同桌之间溜号说话，有的摆弄手机，有的甚至睡觉。老师经常说，有三分之二的学生能好好学就不错了，那些不学习的孩子不逃学、不影响别人学习就算是好学生。前几天在街上看见一个家长带着孩子，我问怎么没上学，家长说孩子感冒了，休息一天。孩子做一个鬼脸说，感冒真好，不用上学了。汶川地震后，有记者问孩子的感受，一个孩子说："我终于可以不用上学了。"可见，孩子们是多么不喜欢上学！

辍学也已成为屡见不鲜的现象。当今，控辍保学已经成为令政府头疼的大事。将各地初一入学人数和中考报名人数进行比较，结果会令人大吃一惊，参加中考的人数比入学时减少了很多。有许多学生未能读完初中就已离开学校，或散落在社会上闲玩，或在小店打工。过去，我们一直认为孩子的辍学，要么是因为家里没钱，要么因为家长不重视，要么因为受"读书无用论"的影响。其实，这些都不是根本原因。现在义务教育阶段读书不需要花钱，不存在读不起书的问题。每一个家长都望子成龙望女成凤，也不存在家长不重视教育的问题。最根本的原因就在于学生将读书看作极为痛苦的事情。如果家长和老师逼得太紧，管得太严，孩子们受不了这样的煎熬就会出走，甚至还有可能走向极端。可以说，现在辍学问题已经不是个别问题，已成为各地非常普遍的现象，各级政府也就面临着控辍保学工作的巨大压力。

学习本来是孩子的天性，本来是孩子生活的一部分，本来应该是快乐幸福的事情，为什么孩子们却这样痛苦，这样厌学，甚至辍学呢？这不能不引起教育工作者的深思。用什么办法让孩子们喜欢学习,让孩子们会学,让孩子们真正学会学习,一直是我们研究教育、研究教学、研究学习、研究学生的重要课题。

乐学　会学　学会

教育需要解决的问题很多，有些问题是表面的现象，有些则是实质问题。教育改革是一项涉及方方面面的综合改革，我们必须找到一个切入点，找到一个关键环节和核心地带，以这个关键环节和核心地带做杠杆，撬动整个教育改革。这个点在哪里？我的回答是就在课堂上。课堂教学模式决定着人才培养的模式，有什么样的课堂教学就会培养出什么样的学生。当前，我们以传授知识为主要目的的课堂，大都采取的方式是满堂灌的教师一言堂式教学。这样的课堂教学不可能关注所有学生，更不可能关注学生的全面发展。因此，有些学生厌学甚至辍学，另一些学生死记硬背不会学习，还有些学生学不会。怎样解决这些问题呢？答案就是让学生乐学、会学、学会。

乐学是前提，是基础。只有乐学才能会学，才能真正学会。要想让学生乐学就必须激发学生的学习兴趣，挖掘学生的学习动力。简单地说，就是让学生感到学习有意思，有意义。为此，教育者要把每节课都变成生命的狂欢，学生才能喜欢课堂，课堂教学才能变成学生学习和生命发展的过程。目前，我们提倡和推广的自主、合作、探究的学习方式就是以生为本、以学为本的新课堂，这种模式的核心是小组学习，是调动学生积极性的有效办法。

会学是学会的前提。会学就是让学生真正掌握求真的方法。会学一定要注重学习的过程，在过程中体验，在过程中探究，在过程中总结，在过程中把握规律。有些教师不注重学生的学习过程，就直接教给学生一些结论性的东西，导致学生"知其然，不知其所以然"；有些教师让学生死记硬背，结果考完试，学生大脑一片空白，留在头脑中的只是一个个散落的碎片，走出考场后，这些碎片知识很快就消失了。因此，要想让学生掌握方法就必须注重过程。只有注重过程，才能强化整体性学习。

学会是学习的目的。这里说的学会不是简单地掌握知识，而是学会学习、学会合作、学会做人、学会做事。如果靠传统课堂的教师讲学生听的单边活动，不可能实现这样的目标。只有把课堂变成师与生、生与生互动的多边立体网状课堂，才能生成大量新的思想内容、生活内容，才能把课堂变成生活，才能把课堂变成社会的缩影，才能把课堂变成生命发展的场所。也只有在这样的课堂上，学生才能全面发展。

许多学校的课改实践证明，构建以生为本、以学为本的课堂是解决教育"三学"问题的根本途径。通过课改，学习成绩好的同学多了，不学习的学生少了，辍学率大幅度下降了。这就是我们课改的成绩，面对这样的成果，我们还有什么理由不改，还有什么理由否定课改?!

学习不可替代

学习就是生活，学习就是成长，学习就是建构，这是我们对学习本质的最基本的认识。学习的本质决定了学习最重要的特征就是自主性。学习是学习者自己的事情，学习必须发生在学习者身上，学习也必须按照学习者自己的方式进行，这样的学习才能真正促进学习者的成长。因此，学习具有不可替代性。任何替代别人学习的事情都是徒劳的。

学习是学习者自己的事情。学习即生活，学习即成长，这就决定了学习的不可替代性。就好像幼苗成长一样，它必须是借助阳光和雨露才能生长。教育最大的问题就是没有让学习真正成为学生成长的内在需要，总是在强调学习是为了实现远大理想，将来为社会做贡献，却没有真正从人性出发，让学习者真正认识到学习就是生活、学习就是成长、学习就是人的内在需要。

学习必须发生在学习者身上。学习如果不发生在学习者身上，学习者就不可能实现真正的成长。现实中一些学校似乎抓得特别紧，教师上课满堂灌、一言堂，课后还留大量的作业，但收效甚微。许多教师经常说："我都讲了多少遍了，这个题你不是练过吗？你怎么还不会呢？"其实不论你讲了多少遍，如果学生没有真正学进去，也不论做过多少遍，学习就没有真正发生，也就谈不上"学会"。许多教师和家长都喜欢死看死守，不给孩子体验的时间，没有给孩子"悟"的过程，让他们为了考试死背硬记，这样的学习不能入脑、入心、入行，结果很难促进学生成长。

学习必须按照学习者的方式进行。学习就是自我建构，就是学习者利用已有的知识和认知水平去收集、整理、提炼新信息，以完善、丰富自己的知识结构、能力结构和道德结构的过程。建构具有自主性和差异性。因每个人的基础不同，原来的知识储备和认知水平都不同，面对同样的学习内容就会采取不同的学习方式。如果教师用千篇一律的方法让学生学习，结果肯定是事倍功半。所以要想让学习真正发生，学习者就必须根据自己的实际情况，选择适合自己的学习方式，来完成学习任务，真正实现自我成长。

现实中，没有一个学生是通过课外补课而成为优秀学生的。人们经常说，好学生在哪个学校都能够考上好大学，他们之所以优秀是自身内在努力的结果。在学习者的生活和成长中，家庭、社会和学校等一切其他因素都只能是学习者成长的外因，任何因素都不可能代替学生的学习与成长。

学生成长的两个家园

学校是学生的家，家也是学生的学校。这是我对学校和家庭对学生成长作用的基本理解。什么叫家？家就是使你感到温暖、安全，可以剥去"一切外衣"生活的地方。什么是学校？学校就是有目的、有计划、有组织地进行系统的教育的组织机构。

对于每一个人的成长来说，家庭和学校都非常重要，学校代替不了家庭，家庭也代替不了学校。二者不存在谁主谁次的关系，也不存在谁是谁的补充的问题。

温暖和安全使人能够健康快乐地成长，而温暖和安全产生的前提就是要充满真爱，因此爱是家庭的最本质的特征。如果我们的学校能够让学生有一种家的感觉，那么学生就可以快乐幸福地成长。因此说，爱是教育的灵魂，没有爱就没有教育。假如教师都能够像对待自己孩子那样对待每一个学生，那么，每一个学生就会感受到家一样的温暖和安全，就会喜欢学校、喜欢教师、喜欢学习，就会充满学习的幸福感和成就感，就会自由快乐地成长。

现在教育的最大问题是一些学校没有让学生感受到真正的爱。受功利主义影响，一些教师不能关注每一个学生的健康成长，把主要精力都放在了那些所谓学习好的孩子身上，而对那些成绩一般的学生的关注度就相对差一些，这样就使许多学生没有安全感，当然也就没有温暖感。

因此，我们提倡教师要有母亲的情怀，因为在母亲的眼中没有不好的孩子。母亲总是从自己孩子的立场出发，能够走进孩子的心灵，能够读懂孩子、理解孩子，能够用孩子喜欢的方式去爱自己的孩子。

一些人恐怕很难理解"家庭要成为学生的学校"这句话。在他们看来，学校是有计划、有组织地进行系统的教育的专门的组织机构，家庭怎么能够承担这样的教育责任呢？家庭教育虽然不能做到有组织的系统教育，但家长对孩子的潜移默化的感染熏陶也是学校教育所不能取代的。在许多家庭中，一些家长的学历很低，感觉似乎承担不了对孩子的教育责任。其实这是一个很大的误区。知识就是人类在实践中认识客观世界（包括人类自身）的结果，它包括事实、经验、信息、描述或在教育和实践中获得的技能。文化就是凝结在物质之中又游离于物质之外，能够被传承的国家或民族的历史、地理、风土人情、传统习俗、生活方式、文学艺术、行为规范、思维方式、价值观念等，是被人们普遍认可的一种能够传承的意识形态。知识与文化不同，知识如果不内化为思想观念、思维方式、行为方式，就没有实际意义。因此，家庭教育是十分重要的，家长一定要承担起家庭教育的责任，让孩子在家真正受到教育。

教育工作者要像营造家庭那样建设学校，家长也要精心营造家庭，只有建设好两个家园，做到家庭与学校的良好沟通与协作，学生才会感受到快乐和幸福，也才会顺利、健康地成长。

第五章
学习途径与方法：自我建构

　　学习的方法就是自我建构的方式，而建构水平决定学习的境界。学习就是不断建构和完善三大体系，即知识体系、能力体系、道德体系。在建构的过程中，要遵循从整体到部分，从现象到本质，从量变到质变的基本规律。在建构的过程中，要正确处理好一系列的矛盾，这些矛盾不断解决的过程，就是建构不断从量变到质变的过程。

学习的基本途径

学习不只发生在学校里,学习可以发生在任何具备学习条件的地方。学习就是不断加深对天、人、物、我的认识。人类认知的这四个领域,决定了人的学习的基本途径。

向书本学习。书本是人类社会实践和探索真理的结晶。它给人们提供了前人的思想成果和实践经验。要想实现自我提高,向书本学习是一条十分有效的途径。书本不仅限于教科书。虽然说教科书是书本中的精华,但学习却不能只围着它转。我们提倡要大量读书,且不能死读书、读死书,要善于走进去,更要走出来,要深刻思考,要敢于质疑,敢于提出问题,不能唯书唯上,要有求真务实的精神;要把书本知识和实际结合起来,将书本知识变成自己的思想观念,变成自己的方法,变成自己的行动。

向自然学习。自然是最好的老师。自然界现象的背后都蕴藏着自身的发展变化规律,这些规律可以给人们提供科学的世界观和方法论。大自然是我们重要的学习对象,认识自然规律有助于提高对天、人、物、我的认识,有助于促进行为方式的转变,因此要善于从大自然当中获取思想的启迪、心灵的营养、行动的力量。

向实践学习。人类的社会实践就是不断认识世界改造世界的过程。要善于从人类的社会实践中,当然也包括自己的社会实践中,总结经验吸取教训。总结经验和吸取教训的过程，就是探索真理的过程，就是追求真善美、摒弃假恶丑的过程，并要对实践进行深刻系统的反思。有许多人不善于对实践进行理性思考，总是就事论事，停留在事物的表层，致使自己的思想僵化，实践不能深化。

向别人学习。学习别人的思想观念和行动策略不仅仅是向名人学习，还要向身边的人学习，正所谓"三人行必有我师"。不要总是用老眼光看发展中的人，其实每一个人身上都有值得学习的地方，要树立"身边处处皆风景，人人值得我学习"的思想意识；学习别人的长处，摒弃别人的不足，善于与人交往和交流，以获得新的思想和观念；要善于思考别人的实践，以获得新的思考和启发。向别人学习是学习的重要途径。

学习者本身要不断发挥主动性，大量阅读书籍，认真观察自然，积极参与实践，增强人际交往。同时，教育要给学习者提供大量的阅读条件，提供参加实践、与人交往的机会，让学习者更有效地学习。

读书改变生活

有一个关于读书的统计:"2011年,中国人均读书4.3本,比韩国的11本、法国的20本、日本的40本、以色列64本、俄罗斯55本、美国50本少得多。"从全球横向比较来看,我们确实偏低,跟传统文明古国、礼仪之邦的地位不相符。当下的读书风气和氛围还不如20世纪80年代,"知识无用论"似乎愈演愈烈,读书人数大量减少、很多年轻人不读书是我们切实的所见、所感。

书是什么?莎士比亚说:"书籍是人类知识的总统";乌申斯基说:"书籍是人类思想的宝库";夸美纽斯说:"书籍是培植智慧的工具";雨果说:"书籍是造就灵魂的工具";高尔基说:"书是人类进步的阶梯";别林斯基说:"书是我们时代的生命";高尔基说:"书籍是青年人不可分离的生活伴侣和导师"……这些大师们的至理名言告诉我们,人的成长、社会的发展进步离不开人类最宝贵的精神财富——书籍。

学习即成长,而成长的重要途径之一就是读书。读书的作用是什么?科洛廖夫说:"人离开了书,如同离开空气一样不能生活";库法耶夫说:"书不仅是生活,而且是现在、过去和未来文化生活的源泉";巴甫连柯说:"书籍使人们成为宇宙的主人";凯勒说:"一本书像一艘船,带领我们从狭隘的地方,驶向生活的无限广阔的海洋";歌德说:"读一本好书,就是和许多品德高尚的人谈话";鲁巴金说:"读书是在别人思想的帮助下,建立自己的思想"……总之,读书可以掌握知识,净化心灵,提高能力,培养品质,构建人格。

读书是学习的基本方式,也是成长的重要方式,人的成长离不开读书。现在许多人不重视读书,忽视了读书在成长过程中的重要作用。一个不重视读书的民族不可能成为一个强大的民族;一个不重视读书的人,也不可能成为真正的卓越者。

读书如此重要,一些人又如此轻视读书,说明当今中国人的物质生活质量的大幅度提升与精神生活的匮乏成为一个突出的矛盾。于国家层面而言,应该大力提倡读书;于个人层面而言更应该高度重视读书,要把读书作为自己的一种生活方式,让书伴随我们的生活,让书伴随我们的成长。如何读书?一是要真读书,读真书,要有计划地读书,要读那些真正有价值的书,不但要广泛涉猎,还要有所选择,把读书作为生活的一部分。二是要读进去,还要走出来。要读出书中的精髓,关注书中的思想和观点,不能本末倒置、舍本求末,不能死读书、读死书,要善于把书中正确的立场、观点和方法应用到实际中。三是要入脑、入心、入行。书不是用来装点门面的,而是用来学习促进成长的,要通过读书做到修心、修脑、修行,真正促进成长。

实践出真知

毛泽东说:"实践出真知,斗争长才干。"他还说:"人的正确思想是从哪里来的?是从天上掉下来的吗?不是。是自己头脑里固有的吗?不是。人的正确思想,只能从社会实践中来,只能从生产斗争、阶级斗争和科学实验这三项实践中来。"毛泽东的这一段话,精辟地阐述了实践对于人的成长的重要性。

什么是真知?真正的知识就是当学生走出校门,把在学校里学的知识全部忘记后所剩下的东西。那么,这剩下的东西是什么呢?是思想、观念、方法、道德、人格。如果把学习定位于人的成长,那么,思想、观念、方法、道德、人格就是人的成长的重要因素。这些东西如何才能获得?只靠读书、只靠学校课堂上的学习肯定不可能完全获得。如何获得?毛泽东告诉我们,要从社会实践中获得,实践出真知。生产实践、社会实践和科学实验是人类的三大实践活动。

积极参加生产实践。生产实践要解决的是人们对物质文化生活的不断增长同落后生产力之间的矛盾。人们首先必须解决吃、喝、住、穿等基本生存需求,然后才能从事政治、科学、艺术、宗教等活动。物质的生活资料的生产活动是社会发展的最终决定力量,这是历史唯物主义的标志和基石。因此,参加生产实践,就是积极投入到当前的以经济建设为中心的伟大实践洪流中去,在这个伟大实践中锤炼自我,促进成长。

积极参加社会实践。社会实践活动是学生成长的重要途径，学生通过社会实践活动，培养自己观察问题、分析问题和解决问题的能力。一是要积极参加学校组织的各种社团活动，根据自己的兴趣和爱好，发挥自己的特长，在活动中不断磨炼自己，提高自己。二是在假期主动参与一些社会实践活动，比如参加志愿者活动，参加夏令营、冬令营等活动，在活动中获得真知和能力。三是要积极参加学校组织的专题社会实践活动，通过参与活动了解社会，了解自己，锻炼自己，学会观察与思考，在观察与思考中不断获得自我发展的核心素养。

积极参加科学实验。人类对自然界认识不断深化的过程，实际是由人类科技创新的长河构成的。科学实验是获取第一手科研资料的重要途径。大量的、新的、精确的和系统的科技信息资料，大都是通过科学实验获得的。因此要积极参加科学实验活动，培养探究真理的精神、科学思考的方法和动手解决问题的能力，让体验伴随自己健康成长。

感知与感悟

体验是学习与成长的最基本的途径，由体验到感知，由感知到感悟，由感悟到感动，这是人成长、成才、成功的基本规律。剥夺了人对事物的体验就违背了人的成长与发展规律。

感知是指人对一个事物表面和与它相关的一些事物之间外部关系的认识，属于感性认识。这种认识来源于学习者对事物的体验。感悟是对事物内部诸要素之间以及与它相关事物之间内部关系的认识，属于理性认识。学习者的学习都是从体验到感知再到感悟和感动的过程，即由感性认识到理性认识。

没有体验就没有学习，没有学习就没有成长、成才和成功。体验是人成长的重要途径。童年的时候我们能背诵许多优美的诗篇，而当我们在人生的不同时期再回味这些诗篇的时候，就会有不同的感受与感悟，那是因为随着时间的推移，生活体验的增多，对作者要表达的思想感情有了更加深刻的感悟。这就是我们经常所说的温故知新。我们为什么对小时候的事情历历在目呢？就是因为有许多事情都是自己亲身体验过的。因此教育家说，教育不是为了节省时间，而是为了浪费时间，为了让学习者有充分的体验。

人的感悟包括思想感悟和情感感悟。感悟是指人对规律的认识，属于科学的范畴；感动是指情感的升华，属于态度与价值观的范畴。人对自己亲身体验过的东西最有情感。当人通过自己的体验探索出事物内部规律时，这种感悟最深刻，也最真实。因此，人的情感都是在体验过程中培养出来的。母亲为什么都爱自己的孩子？因为孩子是自己十月怀胎生产出来的，是自己的作品，因此爱不释手。学习也是如此，当自己探索出规律的时候，由于其中饱含了自己的心血，就会对此特别有感情。

当前，教育的一个最大问题就是不注重学生的体验，教育者总想节省时间，总怕学生出错。其实，出错是极为正常的事情，人的成长不可能一帆风顺，经验和教训都是人生的宝贵财富，不让学生体验才是最大的错误。一些教师不给学生时间和空间，不让学生去体验去探究，而是直接教给学生抽象的结论以应付考试。有些学校甚至连学生的实验课都开不全，这其实是在变相地剥夺孩子的体验！

人要成长、成才、成功，没有捷径可走，必须通过体验、感知、感悟、感动这一过程。因此，学习者要寻找一切可以利用的条件充分体验，教育者要最大限度地给学习者提供体验的机会和条件。

与心灵对话

现在人们都特别忙碌,自己独处的时间很少,所以常常感叹"难得孤独"。现实让人们烦躁不安,烦躁又让人们浮躁,这是一件很可怕的事情。每一个人都要时刻提醒自己尽量抽出时间和自己多待一会儿。每个人的生活必须有足够的时间进行独处。经常和自己进行心灵对话,不断经营自己的心灵,让自己的心灵阳光、自信、充实。

大量的社会实践活动让人们掌握了第一手的现实资料,对事物有了一种新的感知,但这些都是零散的、肤浅的感性认识。要把这些东西变成系统的、深刻的、实际的东西,人们就需要坐下来认真思考,认真感悟,同时还要经常与自己的心灵对话。

对话能够提升自己。我们每天都要经历许多事情,这些事情哪些是正确的,哪些是错误的,自己要去粗取精,去伪存真,让真善美充实自己的心灵;除去心灵的杂草,使之不再荒芜,让理想的种子在心灵的土壤上能够快速生长。

对话能够发现真理。只有调查没有研究不可能发现规律。调查是为了获得丰富的感性材料,要把感性的东西变成指导行动的理性指南,仍需要做艰苦细致的研究工作,这就需要自己静下心来,从大量的表象中去发现规律性的东西。没有思考就没有发现,所以与自己对话就是要反复问自己:看到了什么?它为什么是这样?怎样的行动才能达到目标?

对话的目的就是要发现"道",也就是发现事物发展变化的最普遍的规律。

对话能够解读他人。每一个人都离不开和他人打交道。为了利用各种人力资源成就自己的事业,就需要静下心来审视别人的内心世界,知道他们想什么,知道他们需要什么,知道他们能够做什么,这样才能走进别人的心灵。我们要善于用换位思考的方式去解读别人、发现别人、认识别人,从而与别人进行有效合作。

对话能够指导行动。群众是真正的英雄,人民群众在大量丰富多彩的实践活动中有许多有价值的创造,但这些新发现都是零散的,需要我们静下心来进行梳理,找到通向成功的有效途径。实践中我们会发现,一些人缺少的往往不是思想和理念,而是行之有效的行动策略和脚踏实地的干劲。当对自己和他人的实践进行梳理的时候,就会不断找到新的行动策略,从而改变自己的行动,不断走向成功。

独处可以很好地与自己的心灵对话,可以促进自我提升。所以我们要善于和自己心灵对话,善于从喧嚣浮躁的现实中解脱出来,为自己的独处创造条件,不断经营自己的心灵,使之阳光自信,有道有术,使合作和谐高效,行动脚踏实地。

建构的四个特征

学习即自我建构。"自我"就是强调学习的主体性,主体性就是学习者的主动性、积极性和创造性,这既是学习真正发生的前提,又是学习活动获得成果的先决条件。因此,研究学习理论首先必须研究如何发挥学习者的主体性。

建构具有差异性。建构需要两个基础,一是要有一定的知识,二是要有一定的认知能力。每个人的基础都不同,对同样的信息处理后所得到的结论都会不同,这就决定了学习具有差异性。不承认差异性就会犯整齐划一、千人一面的形而上学的错误。

建构具有条件性。建构需要一定的条件,这个条件就是掌握大量的信息。学习者除了具有知识和能力等主观条件以外,还需要一定的客观条件,即供学习者吸收整理的信息。这些信息一方面是学习者主动收集的,另一方面是教育机构(包括学校)提供的。

建构具有结构性。每一个人的知识、能力、道德都具有一定的系统性,也就是具有一定的结构性。建构就是不断往已有的结构中补充新内容,更新自己的知识,提高自己的能力,提升自己的道德水平,进而重新建构知识体系、能力体系、道德体系。

建构具有开放性。学习者在学习的时候,不断接受新的信息,不断完善和更新自己已有的知识体系、能力体系、道德体系。当新信息能够被原来的结构所容纳的时候，学习者就会自然地吸收新信息。如果现有的结构不能容纳新信息，学习者就要调整原来的结构，重新建构新系统。因此建构有两个含义，一是完善系统，另一个就是更新系统。

"学习即建构"的思想体现了辩证唯物主义在学习理论方面的应用，既强调学习的客观性又强调学习的主观性，既强调条件性又强调差异性，既强调结构性又强调开放性。

学习的五个境界

第一个境界：捕捉和收集大量学习信息

学习者在学习的过程中能够捕捉大量的信息，这是学习的基本前提，也是学习的初级阶段。知识一般都是以信息的方式出现，学生能够在同样的时间里捕捉到更多的信息，或者说能够根据自己的学习目的收集到大量的有关信息，才能有系统地深化学习。没有对信息的占有就不可能有真正学习的发生。因此，收集和捕捉信息是学习的第一层次，或者说，学习是从掌握信息开始的。

第二个境界：筛选出对自己有用的真实信息

在学习过程中，学习者捕捉到的大量信息不一定都是自己需要的和对自己有用的。不同的学习者，因为基础和认知水平不同，对信息的需求也不同。因此，学习者需要对信息进行过滤和分辨。对信息进行过滤与分辨的过程就是选择有价值的信息的过程。学生听课，听报告，或者研究一个问题，都要对大量的信息进行去粗取精，去伪存真，占有对自己有意义的信息。

第三个境界：用信息建构自己的知识体系

信息本身没有实际价值，只有变成知识才有意义。通过去粗取精、去伪存真获得了信息，然后用自己的逻辑思维，把它放在已经形成的系统中，使之成为个人知识体系的一部分。如果掌握的新信息与已经形成的框架有冲突，学习者就要重新调整已有体系，这样原有的框架就会有一个大的突破。

第四个境界：把知识内化为智慧

法国哲学家帕斯卡说过："智慧胜于知识。"如果说知识回答的"是什么"，那么智慧则回答的是"如何"和"为什么"。知识是"授予鱼"，智慧则是"授予渔"。牛顿见到苹果落到地面，便产生"为什么苹果从树上落到地面？为什么它不斜着下落或飞到天上？"的疑问，于是开始了对万有引力的研究，这就是智慧。爱迪生说过："智慧的可靠标志就是能够在平凡中发现奇迹。"在飞速发展的网络时代，获取知识的途径多种多样，所以知识本身变得廉价了。而如何获取知识，如何进行创造性思维，则显得尤其重要。知识讲的是定律、原理、学说等概念，智慧则告诉我们这些概念是如何提出的。

第五个境界：把智慧升华为世界观和方法论

知识内化成智慧就是不仅要知其然，还要知其所以然。在这个阶段，如果把这些智慧再进一步升华，就可以上升到世界观和方法论的层面，即哲学层面。哲学是关于世界观和方法论的科学。唯物主义告诉我们，世界是物质的，物质是运动的，运动是有规律的，我们要按照规律去认识世界和改造世界，如果能够把智慧上升到哲学的层面，就会对天、人、物、我有一个科学的认识，就会达到真善美和大道至简的境界。

学习过程是利用信息进行自我构建的过程，因此，学习就是对信息进行捕捉、筛选、构建、内化、升华的过程，这个由低级到高级的过程，就是构建自己的知识体系、能力体系和道德体系的过程。

名人学习方法

提到学习方法,可谓林林总总,数不胜数。本文所说的具体的学习方法,是指既体现学习的一般规律,又体现人的个性特点的方法。这里介绍一些名人的学习方法,仅供参考。

◎科学家培根的"酿蜜法":我们不应该像蚂蚁一样单只收集,也不应该像蜘蛛一样只会在肚里抽丝,而应该像蜜蜂一样采百花酿甜蜜。

◎理学家朱熹的"三到法":读书有三到——心到、眼到、口到。

◎教育家孔子的"学思结合法":学而不思则罔,思而不学则殆。

◎文学家巴尔扎克的"反问法":打开一切科学的钥匙是问号。

◎作家列夫·托尔斯泰的"思维法":只有靠积极思维得来的才是真正的知识。

◎心理学家洛克的"多少法":学识广博的诀窍是——一下子不要学很多的东西。

◎生理学家巴甫洛夫的"循序渐进法":要想一下全知道,就意味着什么也不会知道。

◎文学家伏尔泰的"再读法":重新再读一本旧书,就仿佛与老友重逢。

◎文学家欧阳修的"三上法":马上、枕上、厕上。

◎历史学家陈恒的"读目法":读书先读目录,心中有数。

◎学问家王盛鸣的"竭泽法":知识如鱼,目录如网,要学会用网在书海中打捞。

◎天文学家哥白尼的"合精法":要善于集合相近学科的理论精华。

◎教育家布鲁纳的"兴趣法":学习的最好刺激,乃是对所学材料的兴趣。

◎国学家章学诚的"切己法":不切己者,虽泰山而不顾。

◎科学家巴斯德的"坚持法":使我达到目的的奥秘是我的坚持精神。

◎孟子的"独立思考法":尽信《书》,则不如无《书》。

◎短篇小说家马克·吐温的"专注法":只要能专注,就能取得连自己都会吃惊的成就。

◎史学家顾炎武的"新旧法":每年用三个月复习旧知识,其余时间学新书。

掌握正确的方向与方法

日常生活中,我们经常可以看到这样的现象:聪明程度相同的人,往往取得的成就不同;有些聪明的人并没有取得惊人的成绩,而有些普通人却取得了非同凡响的成就。原因是什么?一个人成功需要三个条件:方向、方法、行动。在现实中,那些想成功的人都是勤勤恳恳的人,因此都不缺少行动,而他们行动的关键是掌握了正确的方向和方法。

方向正确与否是人能否取得成功的前提。古今中外的成功者都有明确的努力方向。方向就是从哪里出发,要去哪里,这是心中的目标和信念,它是我们穿越漫长隧道的指路明灯,是渡河跨海的指南针,有了它我们就永远不会迷路,有了它我们就会永远有力量。正确的方向是我们心中永不枯竭的正能量。

方法正确与否是能否取得成功的关键。只知道去哪里却不知道怎么走,就不可能真正到达目的地。有方向没有方法最终就会成为好高骛远之辈。方法就是要遵循前进道路上的规律,知道关键环节是什么,知道环节与环节之间的内在关系,知道用什么样的行动策略去推进,知道轻重缓急,知道如何攻坚克难。如果方法正确,你就会离目标愈来愈近。

方向与方法的完美统一,是成功者应追求的完美境界。方向让人不迷路,不被路边的美景所迷惑,始终有力量。而方法就是让人遇山开路,遇河驾船，不断逼近目标。两者缺一不可。我们需要的是有方向的方法，更需要有方法保证的目标。

正确处理方向与方法的关系还需要把握好方向与速度之间的关系。一方面必须保证方向是正确的。我们经常说方向比速度重要，要又好又快。好是方向，快是速度。方向对了，慢一点也不怕，因为你总是在一步步接近目标。如果方向错了，跑得越快，离目标就越远。但在错误的道路上停下来就是前进。既然你选择了远方就不要怕路途遥远。不怕慢就怕站，慢也是前进。

另一方面要保证不偏离正确的方向。在奔向目的地的过程中，千万不要被路边的美景所迷惑，因为那些都会改变你前进的方向。如果你遇到了阻力，也不要停下来。如果你走到了十字路口，也不要急于选择，有的时候慢也是一种艺术。前人走过的路，不一定都是通向目标最短的路，选择一条新路也许会更快到达目的地。

方向就是立场和目标。确定正确的方向需要我们不断修心，时刻审视自己做的每一件事情是否符合目标。方法就是科学的行动策略，确定正确的策略需要不断修脑，即积淀自己的智慧，让行动策略符合事物发展规律。离开正确方向的方法都是小聪明、假聪明，只能导致在错误的道路上越走越远；离开正确方法的目标都是好高骛远，只能是望洋兴叹。

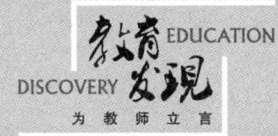

第六章
学习方式：自主、合作、探究

　　自主、合作、探究的学习方式符合学生的学习规律和成长规律。自主是学习的基本方式，它贯穿学习的始终，没有自主就没有学习；合作学习是自主学习的高级阶段，它体现了同伴互通有无，互学互帮；探究学习是合作学习的高级阶段，是在更大范围内的合作，体现的是同学之间共同协作。

自主 合作 探究

自主、合作、探究是学习的基本方式。每一个学生的学习只有通过自主、合作、探究的学习方式，才能真正实现积累知识、提高技能、体验过程、掌握方法、培养情感与价值观的学习目标。教育要给学生提供自主学习、合作学习、探究学习的平台，让学习真正发生在学生身上，让学习真正成为学生成长的有效载体。自主、合作与探究三种学习方式是什么关系呢？自主学习是核心，并贯穿整个学习的始终，合作学习与探究学习是自主学习的深化，是自主学习的更高阶段。

自主学习贯穿学习全过程。任何学习归根结底都是自我构建的过程，我们把这个自我构建的学习过程称为自主学习。通俗地讲，自主学习就是学生利用已有的知识和认知能力去处理新信息的过程，通过对新信息的筛选、整理、吸收，不断构建和完善自己的知识体系、能力体系和道德体系。因此，学习的最基本的特点就是自主性，只有自主学习才能充分发挥学习者的主动性和创造性。自主贯穿学习的整个过程，没有自主就没有真正的学习，只有自主学习才能高效，任何包办代替的方法都不可能让学习真正发生。只有自主，学习者才能充分利用各种学习条件，优化学习过程，主动寻找和获取信息，科学处理信息，真正实现高效率与高效益的统一。

合作学习是自主学习的深化。自主学习并不是指一个人的单独学习，而是以发挥个人主观能动性为核心的学习。每个人在学习中都不可能解决所有问题，而需要与别人交流与探讨，这就是合作学习。在合作学习过程中，提出自己不能解决的问题，与学习同伴之间互通有无，互相帮助，把自己不懂的问题弄懂。即便自己认为已经弄懂了某个问题，但通过与同伴之间的进一步交流，也可以从不同的角度理解同一个问题，实现对问题的深化理解。不要以为自己弄懂的问题就没有必要和别人进行交流，通过合作交流往往会有新的收获；也更不要认为自己弄懂了还和别人一起学习是浪费时间。其实与别人共同探讨，也是自己学习深化的过程，所以说，合作学习是自主学习的深化。

探究是合作学习的高级阶段。通过自主学习和探究学习，有些简单的问题已经解决了，或者已经有了比较深刻的认识，但对有些综合性的问题可能还没有形成系统深刻的理解，这就需要进一步在众多同伴之间进行探究，对一些综合性的难题进行集体公关，这就是探究学习。探究学习的两个最基本特点，一是以解决问题为中心，有明确的研究指向；二是多个学习伙伴在一起，具有合作性。探究学习实质上是在更大范围内的合作学习。对同一个问题，大家各抒己见，共同探讨，从而找到问题的答案。在探究的过程中，还会生成一些有价值的方法和思想。这些新的生成就会成为进一步学习的资源。因此，探究学习是自主学习和合作学习的高级阶段，是形成情感态度价值观的有效途径。

自主是学习的基本方式，贯穿整个学习过程。没有自主学习就没有学习的真正发生，而合作与探究是自主学习的高级阶段。学习者要遵循学习规律，实现自我建构，教育者也要不断给学习者提供学习条件和学习平台，实现自主学习、合作学习和探究学习的一体化，促进学生健康成长。

学习的金字塔

1946年,美国学者爱德加·戴尔首次提出了"学习金字塔"理论。

美国缅因州国家科学实验室做过类似的研究,他们的金字塔图示如下:

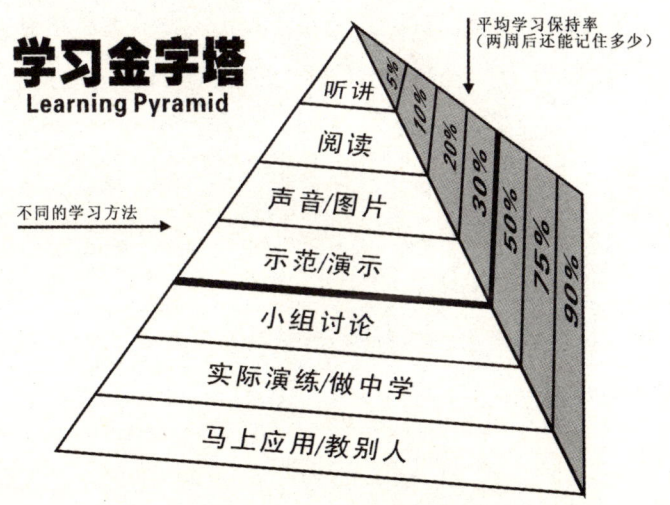

美国缅因州的国家训练实验室
National Training Laboratories

从上图可以看出,不同的学习方法收获的学习效果是不同的。研究表明,在学习进行两周之后,学生对知识的保持率从5%—90%不等。用耳朵听讲授,知识保留5%;用眼去浏览,知识保留10%;视听结合,知识保留 20%；用演示的办法学习，知识保留 30%；分组讨论法，知识保留 50%；练习操作实践，知识保留 75%；向别人讲授、相互教，快速使用，知识保留 90%。

学习金字塔理论告诉我们：和学习伙伴共同学习（也就是我们所说的自主、合作、探究）、学以致用是最有效果的学习方式。

在以上列举的七种学习方式中，其中听讲、阅读、视听结合、示范演示四种学习方式基本属于被动的学习方式，学习的效率是比较低的，这几种学习方式也基本上是我们现在课堂上广泛采用的。其中小组讨论、练习操作实践、向别人讲授三种学习方式属于主动的学习方式，学习的效率是比较高的，这也是我们目前所提倡的学习方式，也是我们现在在教学方面所欠缺的。

学习金字塔理论告诉我们：要想提高学习效率，就必须改变传统的学习方式，变被动为主动，积极推进课堂模式改革；把小组讨论、练习操作实践、向别人讲授三种学习方式作为学习学习的主要方式，以提高学习效率，促进学生成长。

自主才能高效

我有一个同学是数学学科的特级教师,在重点高中做实验班的班主任。有一次,我们聊数学教学和班级管理方面的工作体会,他告诉我,学校一个年级有两个实验班,他是其中一个班的班主任。他这个班的教师配备与另一个实验班的教师配备比起来相对来说弱一些,每一个学科都不是全校最强的教师,他认为学校的安排有点不合理。我说,那也许是学校领导特别信任你,认为你做班主任能够带动其他学科的教师,所以领导放心。他说也许是吧。

我说:"你们班的成绩如何呢?是不是比那个实验班成绩差呢?"他说:"成绩不错,比那个班要好一些。"我说:"那是为什么呢?"他说:"当然是与我的管理方法有关系啊。"我问:"你能辅导其他学科吗?"他说:"当然不能,我只是通过班级管理,真正调动了学生自主学习的积极性。"我说:"学生自主学习的积极性调动起来了,学生真正做到自主学习,是不是教师水平低一些也能够取得好成绩呢?"他说:"是这样。"

从上述对话中我们可以看到:调动学生的学习积极性,让学生真正实现自主学习,才是学生取得好成绩的关键。换句话说,学生的"学"比教师的"教"更重要。所以"我要学"是第一学习力,自主学习才是真正的会学习,会学习才能真正高效。如果学生学习的积极性没有被调动起来,教师讲得再好也没有好的效果。

教学实践中这样的例子很多，如知识水平高的教师不一定教出成绩好的学生，知识水平一般的教师也不一定教不出成绩好的学生，关键在于是否能让学生自主学习能力真正发挥出来。所以，我们应该对"好教师"有一个重新的认识。什么是好教师？是不是知识水平高的教师就一定是好教师？答案是否定的。能够让学生学会、会学、乐学的教师才是真正的好教师。教师的主要职责就是点燃、点拨和点评，点燃学生学习的激情，点拨学生学习方法，点评学生学习过程与结果。

教师必须进行角色转变，由原来的"专制者"变成学生学习的指导者、引导者、支持者、合作者，把学习变成学生自己的事情，让学习真正发生在学生身上，并且要使学习按照学生自己的方式进行，这样才能真正实现高效。

同"学"促进成长

一切能够促进学生学习和成长的条件都是学习资源。我们经常把学习资源分成两个方面,一是硬件,包括校舍、场地、实验室、活动室、多媒体等;二是软件,即师资力量。

众所周知,师资力量的强弱会影响教学结果。因此,在教育实践中,为了实现教育均衡,各级政府不惜花费财力物力改善办学条件,研究教师流动机制,以实现教育均衡和教育公平。但我认为,仅仅做了这些工作还不够,或者说这些工作即便是做得再好,如果解决不好学生"学"的问题,也不可能真正实现教育的均衡发展。教育现实告诉我们,硬件条件和教师水平相当的学校,教育质量也参差不齐,甚至有的差异还很大。原因是什么呢?硬件和教师队伍的均衡只能解决"教"的均衡,而不能解决"学"的均衡,只有实现"学的均衡"才能实现真正的教育均衡。而影响"学的均衡"的特别重要的因素就是学生本身,而同学是学生在学习与成长过程中的最重要资源,我们对这个资源却长期视而不见,熟视无睹,因而也就没有真正开发和利用好这个重要的资源。

学生是有差异的,教育应该满足学生差异化的需求。因此,一些条件好的学校就用无限扩大教育资源的办法来满足学生差异化的需求。比如,有的学校教育教学条件应有尽有,高水平的教师很多,学生的行政班级和教学班级可以分离,学生可以随便到其他班级去听课。这种方法行之有效的前提是必须有能力无限扩大教育资源。这样的学校应该是少数的。

另外,一些条件很一般的学校的课堂教学改革也取得了成功,比如山东的杜郎口中学。他们没有现代化的教学条件,更没有高学历的教师队伍,他们是用什么办法让学生喜欢学习、学会学习、快乐学习、创新学习并取得成效的呢?他们成功的密码就是把学生当作教育教学的最大资源,把利用学生作为教学的重要手段和技术,通过预习、展示、反馈的课堂模式,通过教师的点燃、点拨和点评,让学生自主学习、合作学习和探究学习,实现了兵学兵、兵教兵、兵练兵、兵强兵,充分发挥了学生学习的主动性、积极性和创造性。

"学生本身就是最大的教育资源"是一个重要的教育思想,更是一个重要的教育观念。只有认识到了这一点,我们才能利用学生的差异缩小学生之间的差距。无论教师多么优秀,其能力都是有限的,即便能把所有学生要学习的内容都学会,也有可能不能完全满足学生的需要。只有利用好学生这个最大的资源,才能互通有无,取长补短。因此,相信学生、解放学生、利用学生、发展学生也就成为新课堂建设的核心理念。

自主学习离不开预习

预习是在教师讲之前学生自己先学习，或者说在正式学习之前先做一下学习的准备。现在课堂的一般流程是预习、展示、反馈，这种流程打破了原来的以"教"为中心的教学模式，构建起一种以"学"为中心的教学模式。

预习本是传统课堂教学的产物，它是从以"教"为中心的课堂上滋生出来概念。学习就是学生利用各种信息进行自我构建的过程。当人们离开学校以后，还要不断学习，那个时候的学习就变成了纯粹的自主学习，也就不会有预习的存在了。

我们现在所说的预习就是自主学习。对于学生来说，预习就是学习的开始，是学习的第一个阶段。我认为可以把预习说成是自主学习，或者叫作自学。这不是简单的文字游戏，一个词的改变，意味着一个教育观念的更新。

自主学习阶段，主要就是对已有的知识和能力进行初步的重新建构，这个阶段依靠的就是预习，主要锻炼自己的独立思考能力。

小组中的对学与群学阶段，学生就把本组的同学当作了自己学习的资源。这个阶段既锻炼了与同伴合作的能力，也在个人展示的过程中提升了自己的表达能力和交流能力，其实这个阶段就是合作的开始阶段。

质疑与对抗阶段就是把通过自学和小组合作没有解决的问题，通过全班质疑与对抗的方式，在教师的追问与引导下，把没有解决的问题解决掉。在这个阶段，学优生通过帮助学困生深化了自己对知识的理解，同时也提升了自己的能力。而没有学会的同学通过这个阶段的学习也完成了目标。所以，展示不是一个独立的阶段，而是贯穿着小组学习阶段和质疑对抗阶段的一种表现形式。

达标测评阶段是对课堂学习成果进行检验，通过检验确定课后的学习重点，为下节课导学案的编制奠定基础。

预习是学习的开始。科学的学习流程应该是这样的：自主学习—合作学习—质疑对抗—达标测评。在这个学习过程中，要以导学案为抓手，以展示为形式，以问题为引导，以检测为手段，使学生在学习过程中既掌握知识，又提高能力。

自我展示与回答问题

高效课堂提倡学生广泛参与，要最大限度地调动学生学习的主动性、积极性和创造性。高效课堂的参与是指学生在课堂上积极思考、主动展示、大胆质疑、真正投入学习。一些教师为了片面追求课堂上学生百分之百的参与度，采取了两种简单的方式，一是教师问，学生齐声回答。比如："明白吗""会不会""对不对"。学生异口同声地回答："明白""会了""对"。二是教师大量而简单地提问，尽量多提问一些学生，甚至提出许多没有价值的问题让学生回答。这样的课堂看起来热热闹闹，但实际效果很差。

高效课堂的学生参与度主要是通过学生的课堂展示来体现的，教师在课堂上用提问代替展示来片面追求参与度的做法是不可取的。那么，提问和展示究竟有什么不同？

第一，提问是教师设计的问题，展示则是学生学习的成果。教师在课堂上的提问都是事先预设好的，或者在课堂上临时想到的，这些问题不一定就是重点和难点，不一定对每一个学生都有价值，因而往往不能引起全班同学的积极思考。展示与提问不同，它是学生自己学习成果的体现，这些问题对自己一定有价值，对别的同学也会有一定的启发和帮助。

第二，提问是学生被动地回答，展示是学生主动地表现。教师提问之前，学生不知道要回答什么，主动权在教师，不论这个问题是不是有价值，学生都要被动地回答；而展示是学生主动地表现，在小组内发表自己的见解和收获。无论是展示成果还是暴露问题，无论是对别人的展示进行评价还是质疑，都必须经过认真思考，所以展示具有主动性。

第三，提问很少有现场生成，展示可能会生成大量问题。教师的提问往往都是一个方向特别明确的问题，学生回答的方向也很明确，不需要上挂下联地扩展。学生回答的时候只需要就问题而回答问题即可。展示则是一个综合性的表达，学生根据自己的了解与感悟，说出自己的想法，因此就可能会生成一些有价值的信息，这些信息就会成为教育教学资源。

第四，提问无法兼顾所有学生，展示可以使全员全程参与。课堂的时间是有限的，课堂提问不可能实现所有学生都能够参与其中，课堂也不能满堂问满堂答。而展示可以在小组内展示，可以在同一时间多名学生同时展示，有力地保证了全员参与。

第五，提问注重碎片化的知识，展示实现整体化的学习。现在课堂教学的一个最大缺陷就是只注重碎片化教学，因而导致学生的学习碎片化，这种只见树木不见森林的学习方法不利于学生的成长与发展。而展示正好克服了这种弊端。学生的展示往往都是从问题的整体出发谈自己的观点和见解，因而可以有力地保证整体化学习的实现。

教师应该克服用提问来提高学生参与度的做法，要努力研究如何让学生积极有效地展示。展示既是学习方式，同时也是学习动力。

第七章
教育：学生学习的重要条件

教育是学生学习与成长的重要条件。教育的作用就是发现、培养、保护、捍卫学生的天性，激发学生的正确需要并创造条件满足学生的需求，让学生快乐成长。因此，必须重新解读教育常识，让教育回归本真，摒弃"教育万能论"和"教育无限责任"的错误认识。

学习的基本条件

学习的发生需要一定的条件：一是自己要有学习的愿望，二是自己有一定的知识储备和认知能力，三是外界能够提供一定的信息和必要的帮助。前两个是主观条件，后一个是客观条件。在这里我们探讨的是，主观条件都具备了，还需要什么客观条件。教育就是学生学习的重要条件，这里说的教育主要是指学校教育。

教育即条件。学习的意义是自我成长，学习的过程是体验生活，学习的方法是自我建构，建构和成长要遵循一定的规律。成长的内因就是不断进行自我学习，而教育本身就是学生成长的外因。教育虽然在学生的成长过程中起着关键作用，但这些作用都必须通过学生的自身的学习才能起作用。教育的作用有两个：一是保护和捍卫学生的天性；二是适应学生的天性，为儿童发展提供条件。

保护学生的天性。好奇心、表现欲、成就感是学生的重要天性。教育用什么方法来保护和捍卫学生的天性，这是值得我们深入思考和研究的问题。要让学生的好奇心永不磨灭，就要不断给他们提供值得好奇的东西，让他们去探究；要满足学生的表现欲，就必须给他们提供和搭建展示平台，让他们有机会展示自我；要让学生不断有成就感，就要不断使用多维的评价体系，让他们在评价中感到成功，享受到成功的喜悦。当然，学生的天性也不仅仅是这些，保护学生天性的方法也多种多样，但无论采取什么方法，前提都必须是读懂学生，真正找到符合学生身心发展规律的有效方法。

为学生自我建构提供更多的条件。教育要提供大量的有用的信息，同时还要为学生的自我建构提供帮助。教育的职能就是为学生的自我建构提供服务。教材、图书、计算机、实验室、艺术活动室等等都是条件，教师和同学是条件，各种活动也是条件。

学校其实就是为学生成长提供条件的集合体。教师的教就是学生自我建构的重要条件之一。当我们把教育当成条件的时候，我们就不会犯代替学生成长的错误，就会想方设法改善条件，为学生的发展提供必要的条件和服务。

我的十大教育主张

主张一：教育即人学

教育的最终目的就是让人真正成为人。人只有自身发展了，才能服务于他人和社会。所以，教育必须把促进人的发展作为第一要务。教育实践必须坚持从儿童出发，坚持以人为本，关注儿童的生命发展。人的全面发展不仅要有知识和技能，还要有优秀的品质和健全的人格，因此，教育在某种程度上说是关于人生的科学，是关于让人如何成为人的科学。

主张二：知识即道德

所谓真正的知识，就是在学生走出校门，具体知识忘光后所剩下的那部分东西。剩下的东西是科学的方法、基本的规律、优秀的品质和健全的人格。而科学方法和基本规律属于道的范畴，优秀品质和健全的人格属于德的范畴，因此，知识的真正内涵，或者说知识的最高境界，就是道德。道和德是一个问题的两个方面，切勿将其分割开来。知识一方面呈现的是道，即规律；另一方面呈现的是德，即真善美。

主张三：教育即唤醒

没有爱就没有教育，教育是用心灵塑造心灵的事业。要想真正塑造学生的心灵，就必须用爱去唤醒学生的心灵。爱是一种情怀，是一种责任，更是一种能力。因此你要学会用孩子喜欢的方式去爱他们，这样你爱得轻松，学生接受得快乐，事半功倍。教育不能打着爱的旗号，做一些扼杀孩子天性的事情，要唤醒孩子心中沉睡的巨人，因此，教育即唤醒。

主张四：学习即生活

许多学校认为多让学生去课外田间体验生活就是特色教育，其实教育的真正特色应该体现在课堂上。课上扎扎实实搞应试，课外轰轰烈烈搞特色，弄得学生头昏脑涨，苦不堪言，这并非特色教育。教育应该把每一堂课都变成学生生命的体验，都变成学生生命发展的基石，把教室变成学生体验生活的场所，使学习成为生活。一切能力、素质、品质、人格都要在课堂上培养和养成。通过构建生命课堂，让学生体验生活的快乐。

主张五：学会即均衡

教育均衡发展是教育改革的一个重要命题。以前，我们总是想通过教育教学条件和师资水平的均衡来实现教育的均衡发展，但事实证明，只靠硬件和师资均衡不可能真正实现教育的均衡发展。硬件只不过是一个重要的条件，但不是充要条件。充要条件是要充分发挥学生学习的主观能动性，最大限度地发挥学习主动性，让学生学会学习、学会合作、学会做事、学会做人，因此，所以学会即均衡。

主张六：教学即条件

教学不论多么重要，它也仅仅是学生学习与成长的条件。课堂教学改革的关键是重新确立教与学的关系，按照"学是内因，教是外因"这个基本原理，确定教与学的如下关系：以学定教，以学评教；先学后教，多学少教；以学促教，教学相长；教者也学，学者也教；教为不教，教学合一。

主张七：教师即导师

教是学的重要条件，因此，应该这样定位教师的角色：教师是教学资源的整合者；学生情感的点燃者；学生学习的点拨者；学生学习的服务者；学生学习的引导者；课堂教学的组织者；真实学情的发现者；学习条件的利用者；课堂教学的设计者；科学方法的提供者；等等。只有教师的角色真正转变了，才能真正解放学生，发展学生。

主张八：学生即资源

以往的教学活动是把教师当作教育的最大资源，而忽视了学生这个最重要的教育资源。传统的课堂上，同学只是同"听"而不是同"学"，而新课堂提倡的学习方式是自主、合作、探究，它把学生看作是教育的最大资源，把利用学生作为教学的最核心技术，通过预习、展示、反馈的课堂流程真正实现教学的三维目标。

主张九：学习即构建

教是外因，学是内因。知识本身就有自己的逻辑规律，人们对知识的获得过程就是实现自我建构的过程。学生的学习过程就是利用已有的知识结构和认知结构对新信息进行加工整理的过程，即进行知识建构。学习的过程就是不断构建和完善自己的知识结构、能力结构、道德结构的过程。因此，学习即建构。

主张十：问题即课题

教育科研必须走出"假、大、空"的误区，要直指课堂这个教育的主阵地。在课堂中发现问题，把问题作为课题，让全体教师参与课题研究，提倡草根式研究。教育科研不是少数专家学者的专利，更不能脱离教育实际，躲在书斋中无病呻吟。科研如果不接地气，就不会有灵气。没有灵气就不会转化成教育生产力，科研就会变得劳民伤财，成为一种摆设。

对教育的哲学回答

教育是什么？如何做教育？这是所有教育人首先必须回答的两个最基本的问题。所有教育理论都试图回答教育是什么，所有教育实践都在探索如何做教育。

教育究竟是什么？从不同的角度可以有不同的回答，这些回答可以让我们对教育有一个更加全面的认识。

教育即事业——教育不但能够改变学生的命运，还可以改变一个民族的命运。

教育即科学——教育必须遵循学生的身心发展规律，必须遵循社会发展规律。

教育即艺术——教育是要用心灵塑造心灵，用师爱点燃学生心中的爱。

教育即唤醒——教育要唤醒学生内心的正确需求，并让学生积极主动地获取自己所需要的东西。

教育即成长——教育过程就是让学生体验生命的快乐，并为学生生命成长奠定基础。

教育即人学——教育必须从人的天性出发，必须让人真正成为人。

教育即条件——教育的使命是促进和保障学生的成长，为学生成长提供合适的条件。

教育即传承——教育可以传承知识，传承文化，传承精神。

教育即创设——教育就是创设适宜于学生个性之发展、健康之成长的环境。

教育即播种——教育就是播撒一粒种子，让它生根发芽，自由快乐健康地成长。

如何做教育？当我们对教育有了上述认识的时候，也就自然可以找到做教育的方法及策略了。

要把教育当作事业去追求，它不仅是我们谋生的手段，更是我们实现自我价值的平台。

要不断探索教育规律，让自己的思想更科学，让自己的理念与时俱进。

要用大爱谱写教育人生，形成自己独特的教育风格和教育艺术。

要不断唤醒学生的内心需求，点燃学生心中的火炬，让学生内心的理想不断燃烧。

要相信学生，把时间和空间让给学生，要不断创造条件让学生充分体验。

要改造我们传统的课堂，构建能够让学生成长与发展的生命课堂。

要整合一切教育资源，把学生自身作为教育资源，为学生发展提供条件。

要把传承作为教育的重要任务，不能仅仅死盯知识和分数，而忘掉了文化与精神的传承。

要根据学生身心发展规律，不断创设适合学生成长的环境和活动流程。

要把人类积累的一粒粒文明的种子播撒到学生的心田，让它们在学生心里生根、发芽、开花、结果。

教育的"是"与"不是"

  教育不是用一种模具把不同的学生培养成同样的人,而是应该让学生张扬个性,让不同的学生变得更加不同。我们不能让学校成为工厂的生产车间,而要让学校成为植物园,要营造适合所有学生成长的环境。

  教育不是让学生变成知识的容器,而是让学生真正学会学习、学会合作、学会做事、学会做人、学会求真。

  教育不是只关注部分学生的成绩,而是要让全体学生全面发展,让每个学生都成为最好的自我。

  教育不仅仅是为了学生的成长与发展,还要在成就学生的同时也成就教师;师生共同成长才是真正的教育。

  教育不是万能的,它只是学生成长的重要外因,它的功能是保护和捍卫学生的天性,促进学生全面健康成长。

  教育不是满堂灌,而应该让学生充分体验;有体验才能有感知,有感知才能有感悟,有感悟才能有感动。

  教育不仅仅是为了让学生争取高分——那只是教育的副产品,教育的主产品应该是学生的能力、素质、品质与人格全面得到提高与发展。

  教育不能仅仅发生在教室里,凡是学习发生的地方都是课堂;教育就是要让学生主动学习,让学习随时随地发生。

  教育不是简单的说教,而是一种心灵的唤醒,用心灵塑造心灵。

教育教学要实现十个统一

知识提升与生命发展的统一

传统教学只注重知识的传授和学习技能的训练与强化,忽视了学生生命的发展,致使许多学生毕业后不能适应社会发展的需要,不能适应社会生活的各种挑战。高效生命课堂强调知识的提升与生命发展的统一,不但注重知识指标,还注重学生生命发展的指标,让学生在掌握知识的过程中,提高能力,形成优秀的品质和健全的人格。

学生发展与教师发展的统一

传统的教育教学只注重学生的成绩,而没有关注教师的成长。简单僵化的教学模式让学生厌学,更让教师厌教,致使许多教师产生了职业倦怠,失去了职业幸福感。高效生命课堂改变了以往的课堂模式,学生在教师的引导下学习,成为课堂的主人,真正实现了学学相长,教学相长,教教相长。

全体发展与全面发展的统一

传统教育教学只关注那些成绩好的升学有望的学生,而放弃了绝大多数学生,致使许多学生厌学甚至辍学。新的课堂模式采取小组合作联动的学习方式,让每个学生在课堂上都能够收获自己需要的东西。新课堂让每一个学生都得到关注,让每个学生都能够成为最好的自我。

课堂学习与课外学习的统一

学习即自我建构的过程,学习是学生利用已有的知识和认知能力对新信息加工整理的过程,在这个过程中建构自己的知识体系、能力体系、道德体系。因为信息不仅存在于课堂,还存在于课外。只要存在信息,只要有学习欲望,学习就会发生。因此,凡是有信息的地方都可能发生学习,凡是学习发生的地方都是课堂。这样就实现了课堂学习与课外学习的统一。

教育理念与教学模式的统一

我们不缺少教育思想和教育理念,缺少的是能够真正承载科学教育思想和先进教育理念的教学模式。传统的教学模式一直没有把学生当作教育教学的最大资源,因此课堂就一直是教师唱独角戏,满堂灌,这样的课堂不可能关注学生的生命发展,只能培养出一些高分低能的学生。所以,构建能够承载自主、合作、探究教育理念的以学为中心的课堂教学模式,应该成为改革的目标。目前我们提倡的预习展示反馈的教学模式就是一种先进的教学模式,这种模式实现了教育理念与教学模式的统一。当然,这种模式本身尚需在实践中不断完善、丰富和发展。

教师教与学生学的统一

课堂教学改革的实质就是通过改变教与学的关系,解放和发展课堂生产力。传统的教学关系已经严重阻碍了教育生产力的发展。新课堂的教与学的关系遵循以下基本原则,即先学后教,多学少教;以学定教,以学评教;学者也教,教者也学;教为不教,教学相长。用这样的原则调整我们的课堂结构,就会真正确立一种新型的师生关系和教学关系。

课堂教学与教育科研的统一

教育科研不能成少数教师的专利,而要凝聚教师的集体智慧,真正出于实践且能指导实践。课堂教学与教育科研要紧紧地联系在一起,坚持问题即课题的基本理念。课堂教学方面的科研主要就是课程建设与课堂建模,课程建设就是要实现国家课程校本化,课堂建模就是要根据新课程找到能够实现课标的课堂模式,要彻底改变一言堂的教学模式,真正实现自主、合作、探究的学习方式。通过教育科改变教学实践,推动教学改革,实现课堂教学与教育科研的统一。

社会需求与学生成长的统一

许多研究成果告诉我们,那些在学校里学习成绩最好的学生,多少年后却没有成为各行各业的领军人物。对那些高考状元几年后发展情况的调查结果,更让我们触目惊心,而且这还不是个别现象。"最好的学生"不能成为社会的栋梁,这应该引起我们对教育的深刻反思。教育的目标必须定位于让人成为人，让人真正成为有知识、有能力、有优秀品质和健全人格的人。新课堂就是要按照学生生命成长的规律，把学生培养成社会需要的人才。

精英教育与大众教育的统一

我们必须树立"三个一切"的学生观："一切为了学生，为了学生一切，为了一切学生。""一切为了学生"就是学校的一切工作必须围绕学生的发展。"为了学生一切"强调"德、智、体、美、劳"要全面发展，不可偏废。"为了一切学生"是必须特殊强调的问题：每个孩子既是祖国的未来又是家庭的希望，要公平地对待每个孩子，要用爱去浇灌他成长的心田，要"因材施教"，要在学生全面发展的基础上，注重精英人才的培养。实践告诉我们，新课堂给每个孩子都提供了广阔的发展平台，不但适合一般学生的发展，也适应精英学生的成长。

自主管理与学校文化的统一

许多学校的管理往往强化的是他律，带有强制性色彩，并没有真正体现以人为本、以生为本，而学校管理文化往往又忽视学生的自我管理。高效生命课堂提倡自主、合作、探究，提倡以小组为单位，进行自我管理、自我成长、自我发展。这种课堂不但把学习的权利还给学生，还把管理的权利还给学生，形成一种以学为本、以人为本、以生为本的管理文化，让学生在民主和谐的环境中健康快乐地成长。

总之，教育不仅要关注学生知识与能力的提升，还应关注学生品质与人格的构建，让每个学生都体验到学习的快乐和生命成长的快乐，让教师在成就学生的同时也实现自己的人生价值。

重新解读教育名词

教育是什么？教育的任务是为学生自我体验、自我构建、自我成长提供条件，所以教育即条件。

学生是什么？学生只有在"学"中才能"生"；"学"是"生"的内因。

教师是什么？教师是为学生自我成长整合教育条件的服务者。

学习是什么？学习就是体验，就是建构，就是成长；通过学习体验生活，通过建构构建知识体系、能力体系、道德体系。

学校是什么？学校就是学生学习和成长的环境，是学生成长外因的重要集合体。

课堂是什么？课堂即学堂，是学生体验生命成长，为生命发展奠定基础的场所。

教是什么？教是学生成长外因中最重要的条件。

校长是什么？校长就是为学生成长和教师成长整合各种条件的服务者。

教育局局长是什么？教育局局长就是心里始终装着学生和教师，让教育始终不离开本真的导航者。

教育是儿童成长的条件

教育的出发点必须一切从儿童出发，一切为了儿童的生命成长与发展；教育的归宿点应该是让学生真正成为人，让每一个学生都成为最好的自我；教育的过程必须遵循教育规律，遵循儿童身心发展规律。

教育在人的成长与发展的过程中，究竟起到什么样的作用？用一句话概括就是，教育即条件，教育必须通过儿童内心的变化而发生作用。教育不是万能的，如果教育适应了儿童发展的规律，就会起到促进儿童发展的作用；如果违背了规律，教育就会阻碍儿童的发展，学校就会变成工厂，把不同的人变成同一种人。

内因是事物发展变化的根据，外因是事物发展变化的条件。在学生的成长与发展中，学习是成长的根本途径，而学习本身就是学生自我建构的过程，因此，自我建构就是学生成长与发展的内因。

因此，教育首先要激发学生的内在需要，培养学生对知识探索的兴趣。教育的目的是让学生通过学习和探索提高各种能力和素质，形成健全的品质和人格。这就好比人们吃饭一样，吃什么不是目的，目的是为了给身体提供营养和能量。比谁吃得多没有意义，通过吃饭能够得到身体需要的养分才是吃饭的目的。激发学生的积极需要，就是不断利用孩子的好奇心、表现欲和成就感，使其对有用的东西产生浓厚的兴趣。

当学生有了正确的需求之后,我们就要根据其身心发展规律,设定一定的情景,为其提供成长所需要的各种条件,让学生充分体验,让学生在体验中不断感知、感悟和感动,进而不断利用已有的知识结构和认知能力去对新的信息进行思考、归纳、整理,构建自己的知识体系、能力体系、道德体系。

教育不是万能的,它只是孩子发展与成长的重要条件。有一些读书不多的人,却成了有用人才,原因就是虽然他们没有在学校里学习,但他们通过其他的方式也完成了自我建构、自我成长和自我发展。就好像孵化小鸡一样,受精卵的鸡蛋是内因无可替代,但没有老母鸡这个外因,也可以通过人工的方式孵化出小鸡来,只要有合适的温度与湿度就会孵化成功。教育只是通过一定的手段激发孩子的内心需求,然后适时为学生成长提供一些所需要的条件,就会促进学生的健康成长。

好校长要念好三字经

有人说，是好校长成就了好学校。我则认为，好学校必定有一个好校长。

在一所好学校里，学生能够快乐成长，教师能够幸福工作，家长也非常放心。在这样一个和谐的环境下成长起来的校长，应该拥有坚定的教育信仰，心中始终装着学生和教师，敢于挑战传统、真抓实干、开拓进取，不断让教育回归本真。

好校长的思想和行动，具体体现在办学理念上有三个"面向"，即面向人性、面向生命、面向发展；体现在教育教学模式上有三个"为本"，即以人为本、以生为本、以学为本；体现在学校文化上有三个主旋律，即博爱、创新、向上；体现在学校管理上有三个原则，即依法管理、以德管理、民主管理。

对于刚刚进入校长队伍的"年轻人"，教育行政部门需对其进行系统的培训，并要把好三关：一是把好入口关。要把那些热爱教育、敢于担当、与时俱进、开拓创新、求真务实的优秀干部，吸收到校长队伍中来，保持队伍的纯洁性和战斗力。二是把好培养关。教育行政部门要创造适合校长成长的生态环境，通过创新培养方式，比如体验式培训、读书读报写作竞赛、专题教研科研等活动，为校长的成长提供条件和平台。三是把好出口关。通过科学的考核手段，对校长进行客观的考评，实行能者上、庸者下、平者让的考评机制，激活校长队伍。

对于校长队伍中的"老人"，则要重点做好对他们的考察与评价，并正确处理好这三种关系：一是处理好功德与功利的关系。那些从功利主义出发，牺牲学生快乐和教师幸福，只追求升学率的校长不是好校长；从学生和教师的成长出发，通过提高学生能力和素质获得好成绩的校长，才是好校长。二是处理好名校与普通学校的关系。传统名校多是优质资源的霸占者，和普通学校并不在一个起点上，所以，我们评价学校时不能只用一把尺子，而是要多维度考察，客观、公正、科学地评价学校工作。三是正确处理好主观与客观的关系。坚持用客观标准考察学校，不能凭主观印象。一些校长善于处理各种人际关系，但工作能力平平，这样的校长也不是好校长；而那些能够一心一意搞教育，聚精会神谋发展，有思想、善行动的校长才是真正的好校长。

加强校长队伍建设，是坚持以人为本的重要体现。加强校长队伍建设要增强三个意识、实现三个创新。

增强三个意识。校长要增强责任意识，要做有良心的教育，必须知道自己是谁、要到哪里去以及如何到达；要增强学习意识，适应教育改革与发展的需要，把学习作为一种生活方式，不断完善和提升自己；要增强行动意识，要做到言必行、行必果。

实现三个创新。校长要实现理念创新，要坚持与时俱进的思想，不断更新自己的观念；要实现制度创新，制定的任何制度都应适应改革与发展的需要；要实现工作创新，坚持用新思想、新理念、新制度推动工作；坚持"常规工作有创新，重点工作有突破"的原则，真正推动各项工作不断发展。

作为教育行政管理的重要执行者，校长强，则教育强。无论是作为一方教育的主政者还是校长本人，监督、促进校长素质的提升，对学生、教师、学校乃至整个教育的发展都是至关重要的。

学校管理的十条策略

能够改变自己的人是伟大的，能够改变别人的人更伟大。领导与管理既是科学又是艺术。管理者感到最困惑且最难的就是改变自己团队的思想观念和行为。那么，如何改变团队成员的思想观念和行动，就成了管理者研究的最核心课题。我认为，要改变一个人，就必须牢记"情、理、行、境、法"五字箴言。这五字箴言具体展开就是十条基本策略。

策略一：愿景激励——追求共同的价值取向

每一个团队都必须有一个大家共同追求的美好愿景，让大家对这个美好愿景充满希望，愿意为实现共同愿景不懈努力。教育人应该树立这样的愿景：通过不断改革创新，改变教育生活，让每一个学生都成为最好的自我，让每一个教师都快乐幸福。当然，这是一个远大的愿景，在这个愿景指导下还可以有不同的符合实际的近期目标，管理者要用这些目标激励团队成员努力拼搏。

策略二：魅力影响——成为自己团队的灵魂

作为一个团队的领导者，必须拥有自身的人格魅力，追求自身的卓越，让团队成员信服，使自己成为他们心目中的团队核心和灵魂，成为他们心目中正确思想和行动的化身，成为他们思想和行动的引领者。当团队成员还不确定你的决策是否正确却能无条件执行的时候，往往是因为他们信服你，这种信任的力量就可以潜移默化地改变他们的思想和行为。

策略三：真情感染——呵护团队成员的心灵

每一个人的心灵都是一个与众不同、富有个性的世界，作为一个领导者，必须从爱护团队的每一个成员出发，善于解读他们的心灵，走进他们的心灵，读懂每一个人的心灵，做他们心灵的保护神，成为他们心灵的主心骨。每一个人都喜欢和懂自己关心自己的人在一起做事情，每一个人都能够被懂自己的人所改变。用自己的心灵碰撞另一个心灵，才能真正改变另一个人的精神世界。

策略四：真理武装——构建崇尚真理的团队

"管理"一词有两层含义，一是必须管才能有条理，二是必须用理去管。理就是道理，是真理，是科学，是规律。教育管理者必须掌握人类社会发展规律、社会主义建设规律、教育发展规律、人的发展规律、学生和教师成长规律、学习认知规律等。要用这些规律去武装自己的团队，使每一个成员都崇尚科学、追求真理，都能够按照客观规律办事情，这样就会齐心协力，共同努力，做好工作。

策略五：学习提高——构建学习型组织

引领团队成员不断学习，把学习变成每一个人生活和工作的需要，使之成为团队成员的一种生活方式。构建学习型组织，使每一个人在这个组织中不断提升，这也是领导者带好团队的重要任务。学习能够改变人的思想，改变人的观念，改变一个人的知识结构，改变一个人的情感，改变一个人的行为，总之，能够整体提高一个人的素质。

策略六：文化熏陶——构建团队的先进文化

我们处在一个竞争的时代，团队与团队之间的竞争，归根结底是团队文化的竞争。因此，构建团队文化，是提高团队竞争力的根本途径。文化既是思想与观念的外在显现，又是我们思维与行动的内在动力。教育人要有正确的教育价值观、教师观、学生观、教学观，要不唯书，只唯实，要敢于开拓创新，勇于争先，要通过自己的教育实践让学生真正成人，让自己真正幸福。

策略七：行动引领——坚持行动第一的法则

领导者一定要坚持行动是第一法则。行动第一的基本含义：一是领导者要以身作则，率先垂范。俗话说"要想火车快，全靠车头带"；二是建设一个坚强团结勇于争先的领导集体，领导集体要走在前面，引领团队不断前进；三是把领导者的先进思想和理念变成团队成员的自觉行动，要雷厉风行，不拖泥带水，言必行，行必果。

策略八：现实唤醒——用事实引领团队方向

在改革与探索的过程中，许多人的思想与观念是很难改变的。他们不想改革，不敢创新，不会用一种新的方式改变自己的学习和工作。在这种情况下，最好的办法就是让他们亲自看看先进地区和单位的成功经验，让他们产生一种视觉冲击和心灵震撼，以激发他们改革创新的热情，让他们在无争的事实面前改变思想、改变观念、改变情感、改变行为。

策略九：环境影响——发挥环境的影响作用

生活和工作的环境对人的影响是巨大的。因此，对于领导者来说，要营造一个积极向上的环境，让团队成员受到积极的影响，让他们在这个环境中最大限度地得到正能量。利用环境的影响最主要的是要做到三个方面：一是要通过一系列的活动创设情境，让人们从情境中受到熏陶和教育；二是要为不同的人搭建不同的平台，让他们有展示自我的机会；三是要利用团队成员的交流与合作，实现心灵沟通与工作互补。

策略十：制度激励——构建科学的评价体系

要想科学管理，就必须实现依法管理、民主管理、以德管理。而管理的有效抓手就是建章立制，要发挥制度制约全局的杠杆作用。因此，建立科学的管理制度能够激励团队成员努力工作、改革创新。对于教育工作来讲，当前急需按照新的教育思想和理念构建一套符合新教育、新学校、新课堂、新学生要求的教育评价体系，用评价引领和激励教师等教育工作者不断改变自己的思想和行动。

改变一个人，就是要改变一个人的思想和观念，进而改变一个人的行为。人的改变一方面要靠外界客观环境的影响，另一方面靠自身的不断努力。作为一个领导者，要想改变一个团队，就要想方设法通过情、理、行、境、法、来实现团队成员的自我超越。

打造实干型校长

建设一支高素质的校长队伍是推动教育发展的关键。我们提倡建设一支理论型、专家型、开拓型、魅力型的校长队伍,其目的就是为教育改革提供坚强的组织保证。

现在有三种类型的校长:一种是不干正事的校长;一种是真干事的校长;一种是不但真干事,而且干真事的校长。

不干正事的校长虽然很少,但他们的影响却极坏。他们也曾为教育做出过一定的贡献,但时间长了就没有了激情,没有了责任感,没有了提升,没有了创新,整天忙碌一些事务性的工作。不进课堂,不搞教研,眼中没有教师,没有学生,不关心学生和教师的发展。有的还忙于一些迎来送往,像一个社会活动家,而且还逢人便说"当校长真累真难啊"!这样的人应该清除出校长队伍。

真干事的校长。当前这种校长占的比例很大,他们有激情,有责任心,不断学习,不断研究,努力工作。但他们传统观念根深蒂固,没有真正树立与现代教育发展相适应的教育思想和教育观念,甚至有的人还相当顽固,很难改变。他们抱着传统教育的观念和模式不放,不能真正按照教育规律办事,而且在传统教育的歧路上越走越远。当然,这种校长中不乏有一些名校校长。他们是真干事,但却没有真正按照学生身心发展规律认真搞教育。

干真事的校长。他们不但想干事、干真事,还能真干事、干成事。他们有高度的历史责任感,对教育事业充满激情,能掌握科学的教育理论,努力探索科学教育新模式,不计得失,淡泊名利,大胆改革,勇于开拓创新。他们是中国教育改革的中坚力量,引领着中国教育改革,代表着中国教育发展的方向。

为了教育事业的发展,为了学生的发展,对待不同类型的校长,要采取不同的态度。对那些不干正事的校长,必须要清除出干部队伍;对真干事但不能按教育规律办教育的校长,要不断引导,不断推动他们做正确的事情。我相信,他们绝大多数是可以改变的,是可以成为我们教育发展的中坚力量的。对干真事的校长必须大力弘扬,要为干真事的校长提供好的工作环境,帮助他们扫除前进道路上的种种障碍,遇山开山,遇河架桥,为他们成长为名校长创造条件。

第八章
教师：学生成长的重要条件

　　教师是学生成长的导师。教育发现、培养、保护、捍卫学生天性的职责需要通过教师实现。爱是教育的灵魂，爱是一种责任，一种情感，一门艺术，更是一门科学。教师要用学生需要和喜欢的方式去爱学生。教师要学会隐身，真正做一个点燃者、点拨者和点评者。

第八章 教师：学生成长的重要条件

学与教

一直以来，教育界争论很多的一个话题就是教师亲自教的效果好，还是在教师的引导下学生自己学的效果好？我经常想，"教"在学生成长与发展过程中究竟起什么作用？我们为什么总是在"讲与不讲"和"多讲与少讲"这个问题上纠缠不清呢？

在学生成长的所有外部条件中，教师是一个十分重要的条件。教师的首要任务是"教"，"教"是"学"的重要外因。那么，教师应如何使自己的"教"变得有价值呢？一是要挖掘和保护儿童的好奇心和表现欲，即点燃儿童心中求知的欲望。二是要在课堂上整合和利用学生学习的条件。三是要点拨学生，让学生通过自主、合作、探究去解决问题。

点燃是需要爱心、责任和艺术的。好教师总是能激发学生的积极性、主动性和创造性。这样你也许就能理解为什么一些教师专业水平并不是很高，他的学生却能取得很好的学习成绩的原因了。

整合和利用教育条件，需要教师彻底转变观念。课堂教学的资源是什么？有人把教师看作是课堂教学的最大资源，也有人把教学条件、教学设备看作是课堂教学的重要资源，但我们却忽略了一个最大的、最重要的课堂教学的资源，那就是"学生"。现实教育中，有许多名师教不出高徒，有许多学生超越教师，有许多硬件条件不好的学校教育教学质量却很高……如果我们把学生当作课堂教学的最大资源，就会把利用学生作为教学的重要手段。

点拨要求教师要提高素质。我这里说的高素质,并不是说教师必须什么都会,而是能够帮助学生把握学科的知识体系,掌握学科的研究方法,这是最根本的东西。我们经常说,要想给学生一杯水,自己必须有一桶水。其实在现代信息化的时代,有许多学生知道的东西比一些教师知道的都多,教师恐怕在一些知识方面很难满足学生的需要。那么,教师的任务是什么?就是带领学生找到水源。

教师的作用就是整合教育资源,他的基本任务就是点燃、整合和点拨。

我们靠无限扩大教育外部教育资源的方法去满足学生差异化的需求,靠改善办学条件来提高教育质量,这些作用都是有限的,而唯一的巨大的永远也挖掘不完的资源就是学生本身。

如果仅仅盯住改善办学条件,研究教材,研究教师,教育就会误入歧途,教育就会目中无人。我们必须按照辩证唯物主义的方法论要求,重新思考教育,改革教育模式。

学校的特色不是专搞"特色教育"

自从国家提出素质教育以来,许多学校把注意力放在课外活动上,通过丰富多彩的课外活动提高学生的各方面素质,因此就出现了各种各样的特色教育,各种各样的品牌学校。一时间,搞特色教育成了热门话题,一些校长也把注意力放在搞特色上。有的地方教育行政部门还提出"一校一品"的特色发展战略,领导一去学校就问:"你们学校的特色是什么?"似乎没有特色就没有教育。有许多教育行政部门领导在介绍经验的时候会说:"我们正在搞学校文化品牌突破。"

我不反对学校应该搞特色教育,但我们应该明确什么是特色教育?特色教育与素质教育是什么关系?特色教育的实施渠道是什么?如果这些问题如果弄不清,就盲目地去搞特色,只能是本末倒置,舍本求末。

特色教育,就是遵循教育的一般规律,用自己特有的方式和载体,体现教育实践的个性化,以期收到良好教育效果的教育。搞特色教育的目的就是为了更好地实现素质教育,让学生学会学习、学会合作、学会做事、学会做人。现在许多学校都在搞特色教育,并且认为特色教育是实现素质教育的有效途径,认为搞各种各样的课外活动就是特色教育。有许多人认为,课堂不可能有自己的特色,它就是应试教育的工具,因此,课上聚精会神搞应试,课外轰轰烈烈搞特色。这种把特色教育当作素质教育主渠道的思想和做法都是错误的。"素质教育的主渠道在课堂"

应该成为一个最基本的原则。

"民主与科学""自主与高效"是学校特色的两个核心内涵。只有民主才能科学。不论在课堂上还是在课外，一所学校必须形成自己独具特色的民主管理的基本框架和行动策略，这是学校管理的核心内容。在课堂上，把时间和空间交给学生，让课堂真正成为知识的超市和师生生命狂欢的殿堂，在课堂上实现素质教育。

因此，学校无论搞什么特色，都必须把课堂作为素质教育的主渠道，把民主管理和自主学习作为最基本的原则，并在这个主体框架内搞创新和发展。

教师要学会"隐身"

许多教师唯恐孩子不能成才,经常采取死看死守的办法,无论是学习还是生活都喜欢跟踪或者包办,结果却事与愿违。一些教师经常埋怨孩子不懂事,说现在的孩子太难管了。其实,不是不懂事的孩子多了,而是不懂或者不敢放手的教师越来越多。放手是最基本的教育规律,然而就是这样的简单道理,却被教师那些看似朴素的爱给吞噬掉了。

2013年9月,黑龙江省有6名主管教学的副校长到葫芦岛市南票区挂职学习半年。其中,有一位姓孙的女校长,她的孩子正好面临中考,她来的时候特别不放心,但又怕错过一次到外地学习的机会,就在这样的担心下来到南票区挂职学习。当时我就和她开玩笑说,孩子离开你一段时间,学习成绩不但不会下降,可能还会有所提升,她说但愿吧。结果过了一段时间,孩子的成绩的确上升了。这样的例子在现实中数不胜数,这就是放手的结果。

学习如此,成长更是如此。孩子在中小学的时候,教师经常抱怨他们不懂事,结果到大学一两年之后就特别有思想且晓事理。人们往往都认为是孩子长大了,其实最根本的原因就是在大学里学生们只能是自主学习和自我管理。大学教师都不坐班,更谈不上像中小学教师和家长那样天天婆婆妈妈地跟着管,这样孩子就可以快速成长。人们常说穷人的孩子早当家，其实就是穷人家的孩子很小就学会了自立自强。

现实中有这样一种现象：许多小学老师的孩子很少有成大才的。这一句话虽然没有用统计学去验证过，但回想起身边的许多小学老师的孩子，虽然她们的孩子很少有一无是处的，但真正在各行各业的领军人物却不多。原因是什么呢？小学教师最不懂得放手，也最不敢放手，结果孩子天天在教师和家长的双重管制下学习和生活，被扼杀了天性和个性，不敢标新立异，只能墨守成规，结果都没有很大的成就。

解放学生才能发展学生。解放让学生受到了极大的信任和尊重，解放给了学生更多的时间与空间，让学生能够充分发挥自己的主动性、积极性和创造性。

教师放手的基本方式是隐身和"示弱"。只有教师隐身和"示弱"，学生才能真正获得解放。因此，隐身和"示弱"是最基本的也是最高超的教育艺术。不放手会造成学生的逆反心理，会给学生套上枷锁，而放手则是让孩子们主动做事情。主动做和被动做的结果就会大相径庭。

课改必须发生在教师身上

关于学生学习,我们常说这样三句话:让学习变成学生自己的事情,学习要发生在学生身上,学习要按照学生的方式进行。只有这样学习才能高效。这三句话的意思就是,学习是学生的天性,且学习本来就是学生自己的事情,而教育的主要作用就是进一步激发学生的学习动力和兴趣,学生按照自己的方式去构建自己的知识结构和能力结构。学习就是学生按照自己的方式,在教师引领下,去构建自己的知识结构和能力结构。

我们当前进行的课堂教学改革,设计者和领导者都花费了很大的气力,但效果往往不好,其根本原因就是没有真正激发教师的主动性和积极性,换句话说,当课改没有真正发生在教师身上时,这种课改也收效甚微。所以,上述三句话也可以用在教师身上。

课改必须成为教师自己的事情。教师的职责就是教书育人。每个有良心有责任的教师,都想让自己的学生成才成人。但长久以来,我们一直用一种已经习惯的方法进行教育教学,这种方法虽然有许多弊端,但我们自认为"省时省心还见效快"。所以,对于新的教学模式和教学方法,教师的观念一时难以转变。如果我们硬性要求教师使用新的方法,就像传统课堂一样,被动学习,被动接受,效果一定也不好。提高课堂效率,培养学生优秀品质,本来就是教师的天职,所以如何让课改成为教师自己的事情，成为推动课改顺利进行的关键。一是要认真剖析传统课堂的种种弊端，让教师有一种与传统课堂告别的愿望；二是要转变教师的教学观念；三是要传授给教师高效课堂的核心技术；四是要让一部分教师先做起来，让其他教师眼前有样板。

课改必须发生在教师身上。既然课改是教师自己的事情，那么，作为教育局局长、学校校长，就必须提供各种行之有效的方法，让课改真正发生在教师的身上。如果教师与课改不能真正实现结合，就像传统课堂一样，教师讲得再好，学生也没听进去，效果可想而知。所以，我们必须让教师先去做，在转变观念的基础上进行课堂实践。那么领导者的作用是什么？当然和高效课堂的教师一样，就是点燃与点拨。教师课改的激情被点燃之后，学校要制定课堂评价的标准，用标准引领教师的课堂实践。在实践过程中，教师一定有许多不能破解的问题，领导就要组织教师进行研究探讨，在关键的时候，领导就要进行点拨，而不能由领导包办代替，这就和课堂一样，教师如果包办代替学生学习，学生就永远也学不好。

课改必须按照教师的方式进行。课改实际上不但是对教师良心和责任的考验，更是对教师能力和智慧的考验。新课堂对教师提出了新要求，那么，新的课堂就应该成为教师"华丽变身"的土壤和平台。教师和学生一样也存在着一定的差异性，如果千篇一律地都要求教师达到某种程度也不现实。因此，我们的新课堂确定标准和基本流程之后，每个教师就要根据自身的特点和实际，在实践中构建自己的观念框架、行动模式框架、知识体系框架、驾驭高效课堂的能力框架。这些框架在形成的过程中都会呈现出自己的特点，我们必须尊重差异，尊重个性，让教师按照自己的方式逐渐地构建自己的框架，而不能把许多问题规定得很死很细，否则就会陷入教条主义，那样课堂教学改革就会误入歧途。

课改成败的关键在教师，课改行为如果真正变成教师自己的事情，真正发生在教师身上，真正按照教师自己的方式进行，课改才能成功。我们要真正唤醒教师的课改责任，点燃教师的课改激情，引导教师学会课改技术，搭建教师的课改实践平台，课改才能在正确的轨道上健康发展。

授人以欲

我们经常说,授人以"鱼",不如授人以"渔"。我却认为,不论是给学生"鱼",还是"渔",都不如给学生"欲"。"我要学"才是第一学习力。鱼、渔、欲三者有着密不可分的内在联系。

教师经常说,要给学生一杯水,自己就得有一桶水。其实,一桶水也解决不了学生的需求。不同的学生需求不一样,教师拥有的也不一定是学生需要的。教师在浩瀚无边的知识海洋面前永远都是渺小的,他不可能满足学生全部的知识需求,更何况一些教师还真没有一桶水。因此,不论给学生多少水,都不如引导学生找到水源,教给学生方法。

在学习过程中,教师要在引导学生探究知识的过程中,帮助他们找到学习方法,这就要求教师不能一味地灌输知识,要引导学生自己寻找其中的规律和方法,否则掌握再多的死知识也没用。从某种意义上说,方法是学生通过教师的引导而自己找到的,如果教师像灌输具体知识那样灌输方法,那么学生也会产生厌学的心理。

所以说,授"渔"不如授"欲"。欲就是欲望,就是兴趣。当一个人特别喜欢学习的时候,特别想学习的时候,他就会想方设法地去寻找方法,这就是我们说的:"凡事只要心甘情愿,一切都会变得如此简单。"

教师的角色定位是点燃者、点拨者和点评者。点燃学生的激情与欲望,让学生由"要我学"变成"我要学"。在学生学习的过程中点拨学习方法，让学生学会学习；在学生学习过程与获得结果时，进行点评，让学生有方向性和成就感。

因此，"欲"比"渔"重要，"渔"比"鱼"重要；只给学生"鱼"并不是真正的教育。

点燃　点拨　点评

教育就是让学生掌握知识、提高技能，形成优秀品质和健全人格。然而现实中的教育却没有真正完成自己的使命。这到底是什么原因造成的？其实，根本原因就是教育实践没有真正顺应学生的天性，没有真正做到把学习变成学生自己的事情，让学习发生在学生身上，按照学生的方式进行教学。

教师经常会用"我们都是为了你好""你长大就会明白了"之类的话强迫学生去做教师或者家长认为有用的事情，结果，孩子不仅不认为有用，甚至还失去了兴趣。教师和家长做了许多工作，效果却并不理想，甚至事倍功半，于是我们要么埋怨孩子不听话，要么埋怨孩子太笨。

众所周知，教育的关键在教师，没有好教师就没有好教育。那么，教师现在所做的事情是不是都是科学的？答案是否定的。教师在学生学习和发展中的作用究竟是什么？教师的作用就是激发儿童的正确的迫切需要。这句话有四个关键词，即激发、需要、正确、迫切。激发就是利用教育智慧去唤醒孩子的内动力；需要就是让学生对我们想给予的东西产生需要；正确就是让学生知道自己应该要什么；迫切就是让学生产生马上就需要的心情。

儿童往往凭着自己的天性去做事情，而成年人却带着一定的目的去做事情。因此，教师的任务就是要明确学生应该做什么，该什么时候去做,然后把这些东西通过教育智慧和教育手段变成儿童内心的迫切需要,这才是教师的重要作用。

当我们把学生不需要的东西给予他,或者在他不需要的时候给予他,效果可想而知。在学生不理解的情况下进行教学,教师只能是拿出权威逼迫学生去做那些教师认为有用的事情,而且认为这就是师爱。给予别人不需要的,或者在别人不需要的时候给予,这种给予没有任何实际价值。相反,我们应该研究学生的天性,把正确的想法变成学生的迫切需要,然后利用学生的好奇心、表现欲调动学生的主观能动性,点燃学生的激情,让学习真正发生在学生身上。学生在学习的过程当中会遇到一道道的坎儿,教师要组织和带领他们一道道地闯关。在闯关过程中,教师要及时给予点拨,而不是告诉学生现成的答案,要让学生主动探索,真正体验学习的过程,切不可越俎代庖;要在学生学习过程中适时进行点评,让学生体验到成功的喜悦,明确进一步学习的方向。点燃、点拨和点评,就是将教师的导师和服务者的角色定位具体化,从而避免教师角色错位。

点燃、点拨和点评是教师在教育过程中的三大作用。传统课堂忽视对学生学习激情的点燃,学生被动学习,课堂低效。高效课堂推行之后,又有许多人误认为,课堂是学生的,教师应完全退到后台,在课堂没有事情可做了。如果教师不去真正钻研教材,在学生需要点拨的时候不能及时出现,课堂效果也不会太好。应该说,一个好教师,不但要知道学生需要什么,还要让学生产生需要的欲望和动力,更要在学生需要的时候有能力给予学生所需要的东西,还应对学生的学习过程和结果给予科学的评价,使学生产生成就感。

教师行为的四个层次

教师在课堂上的行为可以概括为灌、讲、导、点，这四个层次的行为是教师素质和能力在课堂上的外在体现。根据这四层行为，又可以把教师分成四个层次。

"灌"是第一层次。"灌"就是满堂灌，一言堂。不给学生时间和空间，全然不顾学生的主体地位。教师尽情表演，自己唱独角戏。颠倒了师与生、教与学的关系，这样的课堂不可能有生成，也不可能实现三维目标。学生如消费者，不同的消费者其需求不一样。而教师面对不同的消费者如果都提供同样的商品，当然不可能满足所有学生的需求。部分需求得到满足的学生，学习就有效果；没有得到满足的学生学习效果当然就很差。但教师往往说，谁说我讲课不好，一样听课，为什么有的学生会，而有的学生不会？还是学生自己的问题。家长们也是这样认为，同样听讲，自己孩子不会，不能埋怨教师，还是因为自己的孩子笨。

"讲"是第二个层次。讲比灌要高一个层次，它是教师根据学生的需求进行有针对性的讲解。教师要求学生课前预习，在得到学生反馈之后，确定讲什么，不讲什么，这样的课堂开始体现教为学服务的思想，改变了教与学的顺序，改变了课堂的结构。让学生先自学，然后学生带着问题和疑问进行有针对性的听讲，比起满堂灌的方式要好得多。这样的课堂表面上看改变的是教与学的顺序，调整的是课堂的结构，但实质是开始尊重学生的主体地位，改变的是教与学的关系。这样的课堂虽然在学生掌握知识的层面上有很大的突破，但在整个课堂流程上，还没有真正体现自主、合作、探究的学习方式，三维目标也很难实现。

"导"是第三个层次。"导"是根据学生学习规律、知识发展的逻辑规律、学生身心发展规律，为了实现课程标准而制定一个学习的方案，即导学案。学生根据这个学习方案进行独学、对学、群学。这样的课堂把时间和空间交给了学生，课堂上会生成大量的课前没有预设到的问题，教师的主要作用是引导学生自主学习，真正实现以学定教、以学评教、以学促教、教学相长。这样的课堂不仅仅改变了课堂结构，更重要的是改变了教与学的关系，比起以讲为主的课堂，更突出了学生的主体地位，由以教为本转变到以学为本，由教中心转变到学中心。

"点"是第四个层次。"点"比"导"又上了一个层次。当学生有了一定的学习能力之后，教师不必再制定一个导学案来引导学生，学生可以自己制定适合自己的学习方案和学习流程，可以自愿分成学习小组。这样的课堂真正将时间和空间交给了学生，真正实现了以生为本、以学为本、以成长为本。课堂不只是知识的课堂，更是学生生命快乐成长的天地。它和教师"导"的课堂相比，不仅仅改变了师生关系、教与学的关系，更重要的是它从学生生命成长的意义出发，一切为了学生的发展。在这样的课堂上，教师的作用由导转变成点，即点燃、点拨、点评。教师在学生成长与发展的过程中，点燃学生学习与成长的激情；在学生遇到困难的时候，进行有效点拨；对学生的学习与成长过程以及结果进行点评。

以"灌"为主的课堂，就是传统课堂，它颠倒了师生关系和教与学的关系，从根本上解决不了全体学生全面发展的目标。以"讲"为主的课堂，改变的是教与学的顺序和课堂的结构，但仍然没有真正改变师生关系和教与学的关系。这种课堂尽管仍然坚持教为中心，但在完成知识目标方面，比以"灌"为主的课堂有了进步。以"导"为主的课堂，改变了师生关系和教与学的关系，真正实现了由教师主体转变到学生主体，由教中心转变到学中心，但没有彻底解放学生。以"点"为主的课堂是从学生的成长出发，真正解放了学生，发展了学生。

教师要做到读、懂、行

教师要想真正做到爱学生，就必须认真去读学生，真正读懂学生，付诸他们心灵真正需要的行动。因此，爱的三个关键词就是：读、懂、行。

读不是看，看是用眼，读是用心。任何事物，如果你不用心去读，就不可能真懂。用心读才能既看到表又看到里。如果只是用眼睛看，我们就只能看见外表而不能了解其里，或者说只能看到现象，不能看到本质。人无时无刻不在发生变化，每一天都是新的，如果我们不用心，就不能发现其新在哪里。用老眼光看新事物，时间久了，就会失去兴趣，就会远离心灵。好比夫妻，年轻的时候是看，彼此喜欢对方，靠的是一种感觉。结婚后，随着年龄的增长、岁月的流逝，如果还停留在看的层面上，而不用心去读，不能走进对方的心灵，久而久之就会彼此徘徊在对方的心门之外，失去原来的感觉。如果用心去读对方，才能发现新的内容，才能把年轻时候的喜欢变成内心的真爱。因此，对我们爱的人必须用心去读。

懂就是真正走进对方心灵。如果你要爱对方，你就必须懂得对方。懂是爱的前提。在教育工作中，我们做了许多事倍功半的事情，归根结底都是因为我们没有真正读懂孩子。什么叫懂？一方面要懂得孩子的天性，也就是儿童的共性；另一方面要懂得个性，即每一个儿童的心灵。

每个人的心灵都是一个独特的世界，不但具有共性的心理和需求，还具备个性心理和与其他人不同的需求。因此，我们只懂得共性远远不够，还必须认真去读懂每个具体的鲜活的心灵。一些教育工作者，连共性的东西都不懂，就更谈不上做艰苦细致的工作来了解和掌握学生的个性了。

行就是把心中的爱变成行动，必须让对方感受到爱的存在，这也是读和懂的落脚点。如果总是停留在口头上而没有行动，爱就不复存在。爱是实实在在的"今天的现金"，而不是后悔昨天没怎么样的"过期支票"，更不是明天我要怎么样的"空头支票"。"付诸行动，爱在今天"这是最基本的原则。在懂的基础上要有行动。懂了对方，就会用对方喜欢和需要的方式去爱他们，他们接受得也就愉快幸福。

读就是观察与思考，懂就是把握规律和特点，行就是要付诸行动。读是懂的前提，懂是读的结果，行是爱的体现。我们可以思考一下，对学生我们是否用心读了，是否读懂了，我们究竟为学生做了哪些事情，这些事情是不是学生真正需要的。不读就不可能懂，不懂就没有资格和能力去爱，没有爱就没有教育。

正确处理班主任工作中的八个关系

班主任工作在学生成长过程中有着极其重要的作用,班主任是学校重大决策的直接执行者,班主任工作是学校工作的核心。班主任工作一端连接着学生的成长与发展,另一端连接着民族的振兴与未来。有一个好班主任就有一个好班级,不同的班主任会让学生走不同的人生道路。

首先应该确定班主任工作的总体思路:以培养学生核心素养为核心,以提高学生自我管理能力和自主学习能力为目标,以班主任工作室为平台,充分发挥班主任在教育教学中的核心作用;创新工作思路,创新工作载体,创新工作方法,创新评价体系,正确处理好班主任工作中的各种关系,不断增强班主任工作的针对性和实效性。

班主任工作既是一门科学,也是一门艺术。科学性就是班主任工作的规律性,艺术性就是具有个性化的班主任工作方法。正确处理好班主任工作中的各种关系,是做好班主任工作的关键。

封堵与疏导的关系。在学生管理方面,当前学生管理工作的最大问题是重封堵轻疏导。我们经常看见的景象就是班主任老师找学生谈话,而这种谈话几乎都是批评,措辞严厉,有损孩子的尊严,很容易造成孩子的反感和叛逆。学生管理工作要疏堵并举。"堵"能治标,"疏"能治本。这就要求班主任要善于发现一些苗头性的问题,与学生谈话要有艺术，即便是批评，也要讲究场合和方法。大家可以读一读陶行知四块糖的故事，学习一下教育家的教育艺术。教育要宽严相济，入心入脑才能入行。

温度与角度的关系。同样的班级，为什么管理班级的效果却不一样，甚至差距很大？差距又在哪儿？其实，要么差的就是责任心和爱心，温度不够，没有爱就没有教育，因此我们要办有温度的教育；要么差的就是方法，角度没有找准，没有点正穴位，因此我们要找准角度做事情。温度＋角度＝艺术。教师不但要有母亲的大爱情怀，还要有"人人都是有用之才"的木匠的情怀，要走进学生心灵，找准角度，精准发力。牢记两个假如：假如这是我的孩子，假如我是这个孩子。

学习与成长的关系。从广义的角度讲，学习本身就是成长，通过学习知识，构建自己的知识体系、能力体系、道德体系。从狭义的角度讲，学习就是构建知识体系和能力体系，而成长主要是构建道德体系和健全人格，也就是我们经常讲的培养学生的非智力因素。陶行知说："千教万教，教人求真；千学万学，学做真人。"班主任老师要把培养学生的非智力因素作为一项重要的工作来抓，要在非智力因素方面下功夫。

民主与自主的关系。民主才能科学，自主才能高效。让学生学会自我管理，让学生学会自主学习，这是我们管理追求的目标。学生自我管理最重要的是构建民主管理的机制，让学生管理学生，让学生管理自己，由他律变成自律，这样既解放学生也解放教师。魏书生老师实行的就是民主管理的办法，他在多次的讲座中也主要讲述了"民主与科学"。培养学生自主学习能力关键是培养学生的学习兴趣，没有兴趣就没有学习。

表率与要求的关系。亲其师才能信其道。班主任的表率作用相当重要。学高为师，身正为范；学为人师，行为世范。如果我们教师不具备核心素养，那如何去培养学生的核心素养呢？班主任老师的一言一行直接影响着学生，学生既是家长的影子，从某种程度上说也是班主任的影子，因此班主任老师要用自己的言行影响学生。教育就是用一个心灵影响一个心灵，用一朵云推动另一朵云的伟大事业。

个性与共性的关系。教育一方面要让不同的学生更加相同，另一方面要让不同的学生更加不同。每一个学生都是这个时代的一个鲜活个体，学生之间存在着许多差异，培养不同学生的优秀共性，永远是教育的重要主题。任何一个时代，都需要具有优秀品质和健全人格的人才。优秀的品质就是时代所需要的共同精神尺码，健全的人格就是时代所需要的相同道德长相。培养学生共同精神尺码和道德长相的同时，我们必须承认差异，尊重个性，因材施教，张扬个性，让不同的学生更加不同。

师生共同成长关系。班主任要把工作变成自我成长的平台，要在教育学生的同时让自己也受教育。每一个学生都是一本书，如果你只看完封面就停止了，就会浅尝辄止。要和学生建立一种平等的关系，不断解读学生心灵，给学生以人生成长的指导，让学生敬仰自己，不能让学生惧怕自己，要给学生家的感觉，在成就学生的同时，实现自我成长。

实践与思考的关系。班主任工作千头万绪，许多班主任做了大量的富有成效的工作，但不善于思考和总结，没有上升到理性的高度。思考与写作是班主任成长的最佳途径。著名教育家朱永新提出一个"百万计划"，就是普通教师如果每天坚持写文章，如果写十年不成为教育专家，他就给你100万。许多教师坚持写作，结果没到10年，却已经成了小有名气的教育专家。

除此之外，班主任教师还要正确处理好与任课教师之间的关系，与学生家长之间的关系等等，班主任工作的规律性，就是找到学生成长过程中的本质的、必然的、稳固的联系。这些联系就是规律，按规律办事情就会事半功倍。

第九章
课堂：学习发生的地方

  课堂是学习发生的地方，是学生成长的重要场所，也是学校提供给学生的"产品"。如何满足学生成长的需求，学校必须从"消费者"需求的角度出发，构建以培养学生核心素养为本的新课堂，变知识课堂为生命课堂。教师要整合一切课堂要素，为学生学习服务，使学生在教师的引领下实现高效学习，健康成长。

教育不公平的原发地在课堂

教育公平已经成为中国社会的一个热词。什么是教育公平,如何实现教育公平,不但是各级政府的重要工作之一,也是教育界必须研究和实践的重大教育课题。

教育公平是社会公平价值在教育领域的延伸和体现,包括教育权利平等和教育机会均等两个基本方面。具体有三个层次:一是确保人人都享有平等的受教育的权利;二是提供相对平等的受教育的机会和条件;三是教育成功机会和教育效果的相对均等,即每个学生接受同等水平的教育后能达到一个最基本的标准,包括学生的学业成绩上的实质性公平及教育质量公平、目标层面上的平等。这三个层次被概括为:起点公平、过程公平和结果公平。

教育公平永远是一个相对的观念,不同地区不同经济条件的学校教育资源肯定是不同的。因此,研究教育公平也是研究教育的相对公平。对一个地区的政府和教育部门来说,主要是保证资源合理配置,做到学生受教育的起点公平;对于学校来讲,主要是保证在同样起点的学生在受教育过程中的机会公平。机会公平才能保证结果公平。

作为教育工作者来说,教育起点公平这个问题不是我们所能够左右的。经济欠发达的地区和经济发达地区的学生,在短时期内也不可能享受到同等的教育资源。我们研究问题的出发点是,具有同等起点的学生如何受到公平的教育,这样就把一个宏观的教育公平问题聚焦到一个微观的层面上来，把学生享受优质教育资源问题转变到研究教育过程上来了，这也是教育工作者需要研究的重要问题，更是教育公平的核心内容。地区之间、城乡之间、校与校之间的教育不均衡，这三者，我认为，教育的最严重不公平主要产生在课堂上。

为什么说教育不公平主要产生在课堂上？你可以随便回忆一下现在的课堂，是不是所有的学生都得到你同样的关注了？是不是所有的学生在课堂上都获得了他应该获得的东西？你也许会说，我面对全班的所有学生都是一样讲课啊，怎么不公平？你也许会说，我的精力是有限的，课堂上我不可能关注到每一个学生，如果让那些成绩不好的同学回答问题，会影响课堂进度的。你也许会说，我给大家留的作业都是一样的，也是公平的。但我们认真想一下，面对所有学生都一样讲，本身就是不公平。每一个学生的学习基础和认知能力不同，你讲的不可能适合所有学生。在课堂上，如果不能真正激发学生的学习积极性，就不会有行之有效的办法让所有学生都得到关注。布置一样的作业本身就是不公平的。学会的同学做那样简单的作业没有价值，不会的同学却只能去抄别人的作业，这样的作业更没有价值。课堂上的一幕幕看似公平的事情，其实都隐藏着极大的不公平。因此，课堂是产生教育不公平的原发地。

如何真正实现教育公平？一方面，各级政府和教育行政部门一定要实现教育资源的合理配置，实现学生受教育的起点公平，至少不应该在各自辖区内搞所谓的重点学校和重点班级。另一方面，必须深化课堂教学改革，真正做到教育过程公平，构建一种以学为中心的，教为学服务的，以学定教的生本位、学本位的新课堂；构建一种以自主、合作、探究为主要学习方式的新课堂；提倡预习、展示、反馈的课堂流程，在课堂上把教师的有限精力放在点燃、点拨和点评上；通过小组合作的方式让学生之间相互关注过程与结果，让学生在课堂上快乐学习，真正实现课堂教学的三维目标。用过程公平保证课堂公平，用课堂公平促进教育公平。

知识课堂与生命课堂

知识课堂就是让学生在课堂上掌握更多的知识,最终的目的是让学生获得高分。生命课堂就是让每一节课都成为师生生命成长的体验,最终的目的是让人真正成为人。

知识课堂视学习为目的,生命课堂视学习为成长过程

生命课堂是相对知识课堂来说的。它们的出发点和归宿点以及教育过程都是不同的,因此在课堂教学过程中所显现的基本特征也是不同的。知识课堂的出发点是让学生掌握更多的知识,归宿点是让学生能够获得较强的应试能力;教育的过程体现以师为本,以教为本。生命课堂的出发点是让学生的生命获得成长与发展,归宿点是让学生真正成为人,让教师获得职业幸福感;教育过程体现以生为本,以学为本。知识课堂把知识获得作为目的,生命课堂把人的发展作为目的,把学习作为人的发展手段。

知识课堂以知识为中心,生命课堂关注人的生存状态

由于知识课堂关注的是让学生能够掌握更多的知识,因此教师就会

用最简单的"教师讲,学生听"的灌输方式让学生学习。这种学习方式使学生的学习成为枯燥乏味的被动过程,使教师的工作成为简单重复的机械劳动;把教师比喻成牺牲自己照亮别人的蜡烛,向学生灌输"吃得苦中苦,方为人上人"的思想,由此产生大量学生厌学,甚至辍学的现象。生命课堂则是把师生的共同成长与发展作为目的,采取学生喜欢的自主、合作、探究的方式进行学习,这样的课堂学生快乐,教师幸福。生命课堂要改变的是师生的生存状态。

知识课堂强调师为本、教为本,生命课堂强调生为本、学为本

在知识课堂上,教师不仅是权力的化身,还是知识的化身。教师搞"一言堂",所有的事情都是教师说了算;在学生管理方面,强调教师的权威性,坚持以师为本;在课堂教学方面,教师主宰课堂,坚持以教为本。因此,以师为本和以教为本是传统的知识课堂的基本特征。而在生命课堂上,教师变成了研究者、设计者、引领者、支持者、合作者、服务者;在管理方面提倡民主管理,坚持以生为本;在课堂教学方面提倡自主学习,坚持以学为本,教为学服务。实践证明,生命课堂利于让学校和课堂成为学生成长与发展的家园。

知识课堂关注部分学生成绩,生命课堂关注全体学生发展

知识课堂上,为了提高学习成绩,教师采取的方式是"教师讲,学生听"的模式,且对成绩好的学生关注较多,往往忽视那些角落里的学困生。这种教学方式自然不能关注全体学生,不能关注学生的全面发展,当然也不能关注教师的成长与发展。而生命课堂采取的是以小组为单位的学习方式,强调预习、展示、反馈,这样的课堂把时间和空间交给学

生，会生成许多新的东西，这些生成又成为学生学习的资源，成为教师成长的条件。在这样的课堂上，学生才能学会学习，学会合作，学会做事，学会做人。生命课堂为全体学生的全面发展搭建了平台。

知识课堂关注教师如何教，生命课堂关注学生如何学

在知识课堂上，所谓的好教师就是讲得好的教师，已掌握本学科的知识，有知识迁移的能力，能用一定的技巧和方法把知识讲明白，让学生能够听明白。许多公开课、示范课、观摩课都是关注教师讲得好的课堂。而生命课堂关注的是学生如何学习，把学习看作是学生自我建构的过程，即用自己已有的知识结构和认知结构去处理新信息的过程，在处理过程中，构建自己的知识体系、能力体系和道德体系；教师的教是第二位的，教为学服务，教师的作用就是点燃、点拨和点评。构建生命课堂就是要改变教与学的方式。

知识课堂是点线平面结构，生命课堂是网状立体结构

知识课堂主要采取传授式的方法让学生掌握知识，评价课堂也主要是评价教师教得如何，而不去评价学生学得如何；课堂上同学之间基本没有活动，所谓"同学"实质是同"听"；课堂结构基本是教师的单边活动，师生只是偶尔互动；课堂结构呈现出线性的平面结构。而生命课堂呈现的是独学、对学、群学的场景，教师的作用是点燃、点拨、点评，课堂上充满师生互动、生生互动，课堂是师生用生命的激情演绎的美好乐章。

知识课堂使用碎片化教学，生命课堂注重整体化教学

知识课堂的目的是让学生在考试中获得高分，因此，知识课堂一般都会自觉地演变成应试教育的训练场。在教学的过程中，师生时刻盯着考试这个目标，考什么就教什么。考试要考许多知识的碎片，比如填空、判断、选择、问答等等，因此，在教学过程中，教师就要把整体的事物分解成碎片进行讲解，导致学生只见树木不见森林。而生命课堂的目的是让学生在感知的基础上，感悟事物发展规律，并在感悟的基础上有所感动。因此，生命课堂一般采取解决问题的整体化学习方法，让学生先了解整体，再感知部分，让学生既见树木又见森林。生命课堂是遵循着学生认知规律而展开的。

知识课堂让学生记忆结论，生命课堂让学生体验过程

知识课堂为了让学生掌握更多的知识，为了获得高分有一个好成绩，会想方设法让学生记住结论，以应付各种考试。学生经常是知其然却不知其所以然。而生命课堂关注的是学生的成长与发展，特别注重学生的学习过程。学生只有在过程中掌握方法，受到情感熏陶，才能树立正确的态度，才能形成正确的世界观、人生观和价值观。有过程才能有感知，有感知才能有感悟，有感悟才能有感动。生命课堂就是关注学生生命体验的课堂。

知识课堂注重教师的预设，生命课堂注重学生的生成

知识课堂上教师有自己的教学设计，教学设计主要是为教服务的；

而生命课堂上教师的设计呈现出来是导学案,导学案是为学生学习服务的。教学设计往往要预设一些问题,这些问题都是教师根据以往的教学经验从主观设计的;而导学案强调的不是预设,而是如何引导学生在课堂上有大量的生成。比如,在教学设计上,教师往往这样提问:"什么思想和情感在教材的哪个部分能体现出来?"而导学案则这样提出问题:"在教材的这一部分体现了什么样的思想和感情?"两类不同的问题,就会有两种不同的思维。预设限制学生思维,生成促进学生发展。

知识课堂强调学生的静听,生命课堂提倡自主、合作、探究

知识课堂强调学生静听,把课堂静与不静看作是判断课堂纪律好与差的标准。理由是:只有静,学生的学习才能真正发生。其实课堂纪律的好与差,不能用静还是动来判断。所谓课堂纪律的好与差,关键要看学生的课堂流失率高还是低。静不一定代表纪律好。而生命课堂以小组为单位进行学习,在这样的课堂上,学生很热闹,都以饱满的热情投入到学习中,都以自己不同方式进行学习。生命课堂是"知识的超市、生命的狂欢"。

课堂的中心是什么

我们总是在争论谁是课堂的中心,是教师还是学生?但学生为主体,教师为主导,训练为主线一直是我们比较认可的典型说法。但实际上,课堂上的种种行为却与这种观念南辕北辙。当实践不能承载观念的时候,或者实践的结果总是不能达到理想效果的时候,我们就要重新审视观念,继续解放思想,更新观念,让思想和观念真正符合事物的发展规律,进而实现理想的课堂教学效果。

客观事物本身具有无穷的魅力,课堂教学就是师生共同挖掘和发现科学魅力的过程。无论是教还是学的真正动力都来自事物本身魅力所产生的吸引力。学生之所以喜欢教师,就是因为教师身上能折射出事物本身的真善美。教师和学生都不是课堂的中心,课堂的中心应该是师生共同研究的客观对象。课堂的实质就是通过这个关注的中心,实现师生主观能力的不断提升。

课堂教学由三部分构成:一是我们研究的事物本身,二是学生的主动探索学习,三是教师引领性的教。学和教的目的都是为了真正把握事物发展运动的规律,也就是求真。真就是规律,凡是真的东西都是美的,凡是美的东西都是善的,教学过程就是教师和学生共同发现真善美的过程,就是学生掌握规律、培养品质、构建人格的过程。

我们需要研究以下几个方面的内容:一是事物本身发展运动的规律

是什么？这些规律的世界观方法论的意义是什么？这些思想对我们解读自然界、人类社会和人生究竟有什么作用？二是学生如何用有效的方法去探究这些内容？三是教师是不是已经掌握了这些东西，如何引导学生去领悟和把握这些东西？

规律是客观的，不以人的主观意志为转移。不论是自然科学、社会科学，还是人类的思维活动，都遵循着一定的规律。每个学科都有自己特殊的规律，这些规律是我们要通过探究而掌握的。学生用什么办法去掌握这些规律呢？那就是在教师的引导下，通过自主学习、合作学习、探究学习的方式进行学习。教师要想有效引导学生进行学习，自己应该把握学科的重要思想、研究方法、知识体系、世界观方法论意义。当然，教师也要温故知新，通过教学过程不断深化对事物的认识，不断提升引领学生的方法与艺术。

课堂教学应该以研究的事物为中心，以学生的学为主线。教师的教要服务于学生的学，学生要在教师引导下完成对研究对象的规律性认识，进而形成优秀品质和健全人格。不论是教师还是学生的注意力，都应该集中在研究事物本身上，而不应该争论究竟教师是中心，还是学生是中心。教和学都是为了把握事物发展规律，只不过教是为了让学生更好更有效地把握规律。

学习发生的地方都是课堂

真正的成功者,一定是善于学习者,他不可能单靠在学校里的学习而取得成功。教育只能给学习者提供自我构建的条件,但学校之外也有许多教育资源。

真正的学习,就是自主学习,因为学习就是自我体验、自我构建、自我成长的过程。有了自主学习能力,才能实现终生学习。

真正的学习者可以克服一切阻力去探究未知的领域。学习本身就是人的天性,人们总是通过对未知世界的探索,不断丰富和完善自己的主观世界,然后再去改造客观世界。

真正的学习者,能够把自己的主观能动性发挥到极致,将一切都可以化作自己学习的条件和资源:学校是资源,社会是资源,自然是资源,交往是资源,积极的东西是资源,消极的东西也是资源。

真正的学习者,不但能够发现教育资源,还善于利用教育资源,主动利用和整合教育资源,让学习真正发生,使学习无处不在,无时不有。

真正的学习者,不会把学习全部寄托在学校。因为学校教育给你的东西实在很有限。

真正的教育者要敢于和善于打开学校和社会之间的围墙,敢于让学生接触围墙外的东西,这样培养出来的学生在走出校门之后,面对纷繁复杂的社会现实,才能用他们自己的判断力鉴别真善美和假恶丑。

课堂教学的两点一线

课堂教学的两点,即课堂教学的出发点和归宿点,一线即课堂教学过程。课堂教学的出发点就是学什么,归宿点就是学到了什么,学到什么程度,过程就是如何学习。

首先,教师必须明确一堂课的学习内容是什么。其次,教师要确定在本节课,学生应该学到什么程度,应该收获什么,即达到什么样的学习目标。最后,教师必须研究通过什么途径和方法达到目标,即什么样的学习过程。换言之,就是每一节课教师都要思考通过学习什么内容(出发点),使用什么样的手段和方法(教学过程),达到什么样的程度(归宿点)。

当前课堂教学存在着学习内容繁杂、目标不清晰、过程简单的问题。就语文教学来说,教学的根本目的有两个,一个是让学生掌握语文工具学科的知识,提高学生口头和书面语言表达能力;另一个就是通过学习提升学生的思想境界。就语文教材来说,每一篇文章都是教材编写者精心挑选出的好文章,而不是作者给学生使用的教材专门写的文章。每一篇文章都包含大量的语文知识,学生不可能在一节课中全部掌握这些知识,这就要求教师必须明确本节课学生应该重点学习和掌握什么。另外,就文章的思想内容来说,作者肯定要表达一个明确的思想,但不同的人读后还会有自己的不同理解,因此,教师也必须明确,本节课学生应该受到什么样的思想熏陶。有许多教师在课堂教学前，没有认真研究课标，因此学习内容不明确，学习目标不清晰，课堂教学方法就是教师讲学生听，因而达不到预期效果。

传统的课堂教学在教学过程方面存在很多问题。这个过程的最大问题是以教为中心，而不是以学为中心。课堂教学的两点一线，不论是出发点还是归宿点，都强调应该学什么，学到什么程度，那么其过程也必须强调怎么学。这就已经明确了"教必须为学服务"的理念，也就是以学定教、以学评教、以学促教、教为不教。而现实中，课堂教学的出发点和归宿点错了位，都没有坚持以学为中心。教师往往这样考虑一堂课：这节课我应该教学生什么，怎么教，教到什么程度。这样一来，就把学的内容变成了教的内容，把学的目标变成了教的目标，把学的过程变成了教的过程。因此，两点的错位必然导致过程的错位。如果教不能为学服务，即便教师教得很好，但学生还是没有学会，这样的教又有什么价值呢？

构建以学为中心的课堂是推进课堂改革的关键所在，要想真正构建以学为中心的高效课堂，就必须重新考虑课堂的两点一线。只有明确了学生应该学习什么，学习到什么程度，才能在课堂教学中克服满堂灌的教学方式，真正实现自主、合作、探究的学习方式，真正实现三维目标。

第九章 课堂：学习发生的地方 / 165

整合时空提高课堂教学的有效性

整合就是改革，整合教育资源是提高教育质量的有效途径，但通常我们所说的整合教育资源都是对教育体系中人、财、物的整合，当然这是非常重要的，也是非常必要的，但我在这里要谈的整合，是对课堂教学资源的整合。

课堂教学资源都有哪些呢？我们通常说有教师、有学生、有教材，所有我们一般研究如何整合这三个方面：通过整合教师实现集体备课；通过整合学生实现分组教学；通过整合教材实现校本教材。但在实践中，我们却很少把教室作为课堂资源去研究，其实教室本身也是课堂教学的重要资源。我们要实现课堂教学资源的全方位整合，增强课堂教学的有效性，就必须把教室作为教学资源去研究，去整合。

许多教师一般都认为教室是教学的场所或是教学的环境，把它看作是非活性的因素，但别忘了教室是由时间和空间构成的。从表面上看，时间和空间都是固定的，对每个教师和学生都是固定的45分钟，那么如何把固定的东西激活，如何将固定的时间和空间进行整合，实现拉长时间、拓展空间，从而更好地实现教学的有效性呢？

分组教学实现了对时间和空间的整合。传统课堂上，教师面对不同层次的学生只有一份教案，好比是医生面对不同的病人用同一个药方，如果教师讲深了，基础差的学不会，如果讲浅了，基础好的学生"吃不饱"，因此课堂教学的有效性就很难保证。而进行分组学习，再加上预习、展示、反馈等环节，就可以很好地解决这个问题。把学生分成 ABC 三个层次，每个组 4—6 个人，并在教室里布置许多面小黑板，进行分组学习。在小组学习的时候，学生能够通过独学学会的知识，教师不讲；学生通过对学能够掌握的问题，教师不讲；学生通过小组群学讨论解决的难点，教师不讲。教师讲的是所有学生都需要的、想知道的重难点问题。所以高效课堂必须发动学生自主学习，自主探讨，这样无形中就拉长了课堂原有的 45 分钟，实现效益最大化。

分小组学习后，由各个小组的基础差的学生到黑板上进行展示，展示的人多了，问题暴露得就多了，这样有利于教师掌握学生学习的情况，实际上也就掌握了学情，为教师的有的放矢提供了条件。通过差生展示，中等生质疑，优秀学生讲解，不同层次的学生都有进步；之后由优等生再进行展示，展示的多了，就能几乎呈现本课堂所有的亮点，课堂生成也多。这样看似固定的教室，用分组的形式，用小黑板的形式，就实现了空间的分割与拓展。

总之，我们必须把教室看作是一个重要的课堂教学资源，并仔细研究，充分利用，把教室看作是由时间和空间组成的活的因素，通过分组学习实现时间和空间的整合，拉长时间拓展空间，从而提高课堂教学的有效性。

以"核心素养"为本的课堂教学改革

学生的核心素养是适应个人终身发展和社会发展的必备品德和关键能力。如何把核心素养落实到学校的教学中去,是当前教学改革的最重要的核心任务。

目前满堂灌的教学方式,既违背了知识内在的逻辑规律,又违背了学生的认知规律,因此不能真正培养学生的核心素养。核心素养的培养必须从课程建设和教学模式两个方面去落实。因为二者相辅相成,相互联系,对立统一,缺一不可。从某种程度上说,创新学习方式和优化改变教学模式来实现课程建设提出的目标尤为重要。

1. 层次化教学,满足学生差异化需求

学习就是自我建构,即学习者利用已有的知识水平和认知能力,接收新信息,学习新知识,用新的知识构建自己的知识体系、能力体系、道德体系。学生已有的知识水平和认知能力存在差异性,如果面对所有的学习者,用同样的方式提供同样的知识和信息,就不可能满足所有学生自我建构的需要。

分层次教学的实质就是满足不同学生的差异化需求,这是一切从学生出发的具体体现,是对学生的最大尊重,也是实现有效教学和高效学习的最基本策略。我们千万不能把分层次教学理解成办尖子班和普通班,在实践上更不能用拔尖的教师去教拔尖的学生,而应该是用同样的教师去教不同的学生，但是教师要在备课、上课、辅导各个方面要根据学生的不同基础给予不同的教学服务，即因材施教。

2. 整体化教学，实现知识的横向联系

学习的最基本规律就是由整体到部分，再由部分回归到整体。认识一个事物，要先认识它的整体上框架结构，再认识事物各个具体的部分，然后再找到部分与部分之间的关系，形成对事物的完整认识。通俗地讲，学习者的学习和认知的路径是先见森林，再见树木，并非先见树木后见森林。

现实中的教学呈现得比较碎片化，会让学习者的记忆和学习变得支离破碎，同时还反复进行一些碎片化的训练，而不是让学生先把握事物的整体构架，再进行部分学习和研究，这样学生很难建立知识之间的横向联系。这就致使学生只见树木不见森林，不能培养综合素质和核心素养。因此，在这种情形下，就要要求教师对教材进行系统的整合，采取单元式教学方式，实现知识的横向联系，让学生既见树木，又见森林。

3. 主题化教学，实现知识的纵向联系

学习者掌握了知识与知识之间的横向联系还不够，还要找到知识与知识之间的纵向联系。整体化学习的主要目的是掌握知识点之间的横向联系，那么如何掌握知识点之间的纵向联系呢？这个联系在哪里？这就需要有一个整体的大知识观，由这个大的知识观产生的大的教学观，就是主题式教学方式，以实现知识的纵向联系。

教师要根据学生的认知能力和知识自身的逻辑规律，不断挖掘和整合教材，按照一系列的主题进行教学。在教学实践中，这种教学方式往往都是在期末或者高考复习中运用，但在平时总是注重打牢双基。一些有经验的教师往往在每一个学习阶段，就要进行一次主题式或者是专题式教学，让学生认识到知识模块与模块之间的内在关系，让知识形成大的模块。

4. 问题化教学，实现知识的横纵联系

想真正实现学习方式的改变，要靠问题化学习。我们从以讲授为中心的课堂转变为以学习为中心的课堂，中间有一个桥梁，这个桥梁就是问题化学习。因为问题化学习让我们所有的教学必须以学生为主线去设计，必须以学生的问题展开，必须让学生真实的学习能够发生。

5. 情景化教学，实现由学习走向生活

真实的生活情景在以核心素养为本的教学中有非常重要的价值，学生在学校学过的知识和现实生活之间建立不起联系，原因就是我们的教学过程缺少真实的情景，只是把知识符号化了。知识符号是用来表达知识体系的，这个知识体系如果不同生活建立联系，只是将它们背熟、认知、复述，然后去对付考试，就很难让学生形成核心素养。

我们必须认识到知识是素养养成的媒介和手段，而不是学习的最终目的。知识转化为素养最重要的途径就是情景，因此我们要设置大量的情景化的教学，让孩子最真实的学习能够发生；要通过实验教学、学科活动、社团活动、社会实践等一系列真实的情景，让学生的亲身经历与学科知识建立联系，让学生真正体验到知识的应用价值和隐含着的文化精神，使学习者建立起正确的价值观、情感、人生态度。

把核心素养贯彻到教育教学中，就是把以人为本、以生为本、以学为本的思想体现在教学中，真正体现课堂的育人功能。落实核心素养，一方面要遵循知识内在的逻辑规律，有效学习，真正实现构建知识体系和能力体系。另一方面就是要遵循学习者的认知规律，把学习同现实生活结合起来，在学习和实践中形成良好的品质和健全人格，让学习者真正形成适应终身发展和社会发展的必备品德和关键能力。

后记：我为什么选择做校长

参加工作整整二十八年后，我辞去了葫芦岛市南票区教育局局长的职务，主动要求到葫芦岛市第二高级中学担任校长。许多人不解缘由：教育局局长领导着几十个校长，为什么要辞去局长做校长？如果校长变成局长，那是提拔和重用。而我做了八年教育局局长后，自己却选择了做校长，按照常人的思维就很难理解了。也有好心的朋友打来电话或者发来信息，但很少有祝贺的意思。他们知道，如果这样的工作变动还去祝贺，显得有些不真诚。他们的电话和信息几乎表达的都是这样的含义：你选择了自己喜欢的工作，我们和你一样很高兴。

我的确很高兴，因为做校长确实是自己选择的，也是我喜欢的。

参加工作二十八年，工作岗位调整过八次，其中有两次是自己主动要求的，而这两次选择又都有悖常理，令人费解。第一次是辞去区委办公室主任，主动要求做教育局局长；第二次是辞去教育局局长，主动要求做校长。第一次选择决定终生从事教育工作，第二次选择决定到教育的最前沿阵地学校工作。

我选择做校长，还要从我选择做教育说起。2008年下半年，我辞去了南票区委办公室主任的职务，要求到教育局做局长。这是一次令人不解的选择，人们都知道，区委办公室主任在县区属于兵头将尾的"上停"干部，这个岗位几乎没有例外的都会成为副县级领导干部，年龄大一点的就会进入人大政协领导班子，年轻的则会进入党委政府领导班子。我当时43岁，在区里也算阅历很丰富的科级领导干部。1988年大学毕业后，我在中学做过四年团委书记，到机关工作后，我曾经做过四年区委宣传部理论干事，一年区委学习室主任，一年镇党委副书记，一年区委宣传部常务副部长，六年区政府办公室主任，四年区委办公室主任。这样的工作阅历，按照常理，没有人会选择去教育局做局长。我之所以选择做教育局局长，是因为我热爱教育事业。我曾经写过热爱教育事业的十大理由：

教育最具使命性：教育不但能够改变一个人的命运，还能够改变一个民族的命运；

教育最具趣味性：教育每天都是不同的，好教育不可复制，要让教育者充满快乐和幸福；

教育最具生命性：教育的每一个行为都是师生生命的体验，更是师生生命发展的基石；

教育最具感染性：教育的魅力是让教育者始终受到教育，它是用心灵塑造心灵的事业；

教育最具科学性：教育发展必须遵循人类社会发展规律，必须遵循人的成长发展规律；

教育最具艺术性：教育面向千差万别的人，必须用不同的方法，让不同的人更加不同；

教育最具创造性：教育面临着发展中的学生，只要真正从天性出发，每天都会出现惊喜；

教育最具改革性：教育必须不断改革人才选拔模式和人才培养模式，用改革推动发展；

教育最具开放性：教育要面向世界，面向未来，面向现代化，必须远离封闭，走向开放；

教育最具挑战性：教育要远离功利，不断挑战传统，挑战世俗，挑战权威，挑战自我。

总之，教育一端连接着学生的成长与发展，一端连接着民族的希望和未来。教育不但能够实现自我成长，还能够实现自我价值。因此，在2008年的时候，我义无反顾地选择了做教育局局长。

2001年，国家提出第八次新课程改革。我反复深入基层调查研究，不断拷问教育现实，提出了构建南票教育模式，打造南票教育强区的奋斗目标。从2009年开始，全区教育以课堂教学改革为突破口，强力推进素质教育，积极构建学本位的新课堂、学本位的学习学、学本位的新文化、学本位的新学城，大力推行课堂改革。当然，改革实践遇到了来自各个方面的阻力，在艰难中不断前行。令人欣慰的是，南票区的课程改革，得到了区委区政府的高度重视，市教育局大力支持，中国教育学会、中国教育科学研究院、中国教师报高度关注，形成了政府启动、教育局推动、学校行动、教师真动、上下联动的良好局面。我们在冰天雪地里走出了一串串坚实的脚印。在课改的严冬季节，我能为南票校长和教师营造一个小小的"春天"而感到欣慰和自豪。

第二次选择就是2016年，我做了八年教育局局长后，自己主动选择了到高中做校长。有人说，既然你热爱教育工作，做局长不是会有更大的作为吗？为什么还要辞去局长做校长呢？我之所以辞去局长做校长，理由有以下几个。

理由之一，局长是教育的"后勤部长"，校长是教育的前线实践者。在国家高考改革相对滞后的条件下，我们要想让教育远离功利主义走向人本主义，是一件很困难的事情。教育局局长作为教育行业的"后勤部长"，可以"以权谋教"为教育改革与发展创造一个小小的春天，让想做事的人能够做点事情。现在国家高考政策发生了很大的变化，为新课程改革提供了广阔的空间，教育改革的春天已经来临，那么，作为热爱教育事业的我，没有必要再做"后勤部长"，而是要找到一块土地去耕耘，在春天里实现自己的教育理想。

理由之二，局长很难改变教育现实，但校长能改变自己的学校。局长通过改变校长改变教育，校长通过改变教师改变教育。八年的教育局局长实践告诉我，我只能改变那些想改变的校长，为他们创造环境，搭建平台，提供服务，而我无法唤醒那些装睡的校长。即使通过一些行政手段来改变校长，也是一件很难的事情。如果不能影响更多的校长，就不如直接去影响一所学校的教师，通过改变教师而改变自己的学校。局长不一定能改变校长，但校长一定能够改变教师，从而改变学校，改变教育。因此，我认为做校长是改变教育的最佳选择。

理由之三，局长忙于事务身不由己，校长可以聚精会神搞教育。局长首先是一个行政官员，因此很难从繁杂的事务活动中解脱出来，要处理大量的行政事务工作。在日常工作中的职称改革、学校整合、校园安全、危房改造、协调关系等等，都会耗费大量的时间，你根本没有时间和精力去研究教育教学，很难走进学校，走进教室，走进学生。如果你真的去研究教育理论，推动教育教学改革，就会被认为是"不务正业"，如果一旦出了问题，局长就会因"不务正业"而"下课"。

理由之四，局长很难成为教育专家，校长岗位则是成为教育家最好平台。我并非有野心要成为教育家，而是希望真正实现自己的教育理想。教育局长是官员，不可能全身心地去从事教育工作，也不可能接触教育的核心地带，也很难真正成为教育家。当教育局局长一般可以当五到十年，就要"转业"从事别的行业工作。一个有教育理想和追求的教育局长离开教育行业，他怎么会成为教育专家？一般情况下，政府部门选任教育局局长，首先考虑的是干部的资历，其次才是专业。而校长是党的教育方针的直接实践者，他最有可能成为真正的教育家。

理由之五，局长很难体验教育的快乐，校长则可以充分感受教育的幸福。教育局局长不可能深入到教育的最核心地带，欣赏教育最美丽的风景，不可能感受到教育的真正魅力，不可能体会到做教育工作的真正快乐。而校长天天接触课堂，天天接触教师，天天接触学生，他总能去他自己想去的教育的任何一处，在那里欣赏教育最美丽的风景，思考教育的美好未来，享受教育给自己带来的幸福与快乐，实现自我成长与发展。

在我人生的新起点上，迎来了教育发展的新春天，我要在春天里埋下理想的种子，通过自己的辛勤耕耘，等待秋天收货季节的来临，享受美好教育人生。

图书在版编目（CIP）数据

学习即成长 / 任永生著. —济南：山东文艺出版社，2017.5
ISBN 978-7-5329-5453-7

Ⅰ.①学… Ⅱ.①任… Ⅲ.①学习—研究 Ⅳ.①G442

中国版本图书馆 CIP 数据核字（2017）第 042235 号

学习即成长

任永生　著

主管部门	山东出版传媒股份有限公司
出版发行	山东文艺出版社
社　　址	山东省济南市英雄山路 189 号
邮　　编	250002
网　　址	www.sdwypress.com
读者服务	0531-82098776（总编室）
	0531-82098775（市场营销部）
电子邮箱	sdwy@sdpress.com.cn
印　　刷	山东泰安新华印务有限责任公司
开　　本	710 毫米×1000 毫米　1/16
印　　张	12　插页/2
字　　数	130 千
版　　次	2017 年 5 月第 1 版
印　　次	2017 年 5 月第 1 次印刷
书　　号	ISBN 978-7-5329-5453-7
定　　价	32.00 元

版权专有，侵权必究。如有图书质量问题，请与出版社联系调换。

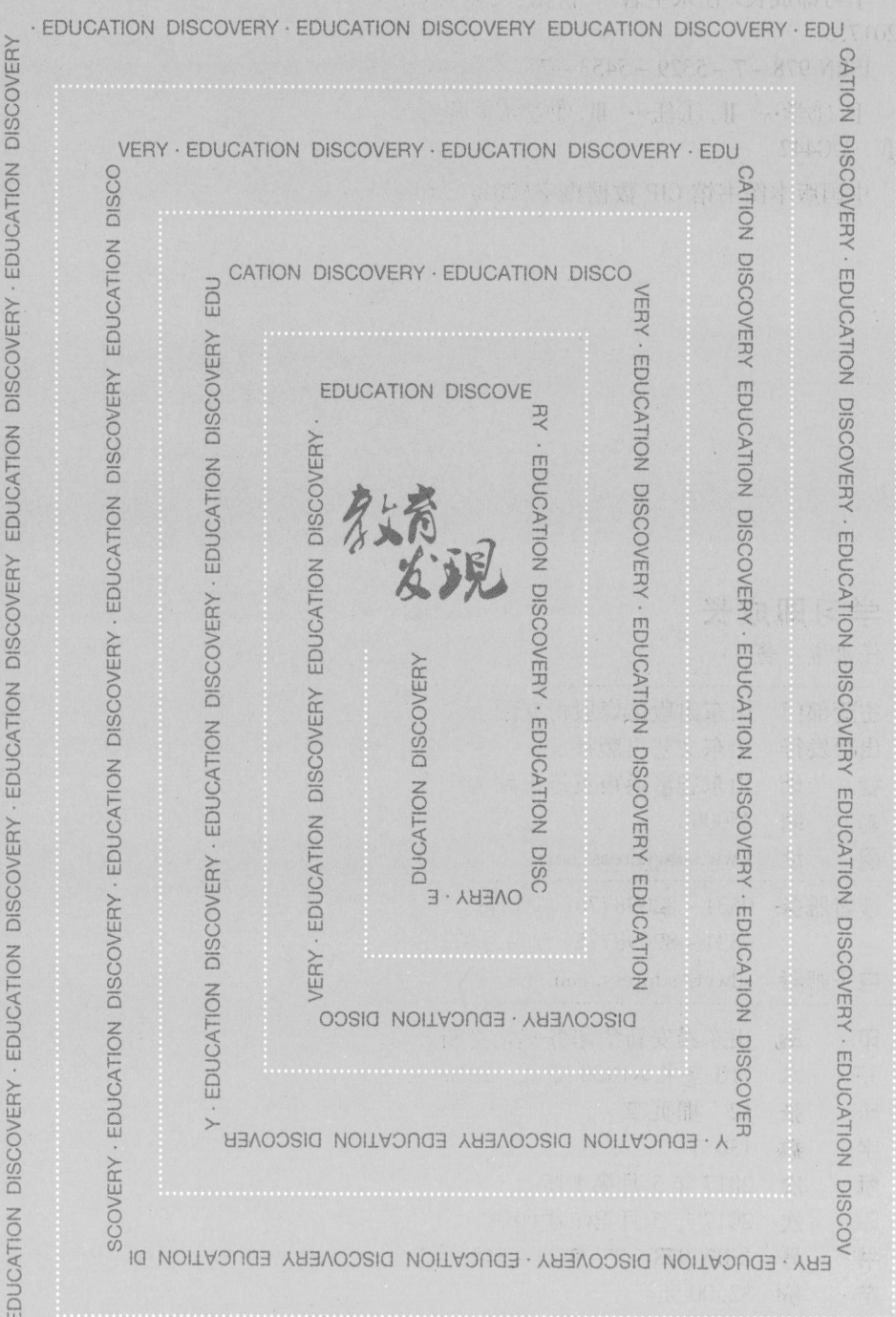